中国精品新传

《罗博报告》系列丛书编辑组 编

新星出版社 NEW STAR PRESS

目录

序
中国精品，精品中国　　　　　　　　　　　　　04
机不可失　　　　　　　　　　　　　　　　　08

手感精神
翠色春萌　　　　　　　　　　　　　　　　　12
缂丝，织中之圣　　　　　　　　　　　　　　18
妆花云锦的前生后世　　　　　　　　　　　　22
紫玉金砂，文人风雅　　　　　　　　　　　　26
服饰，古为今用的艺术　　　　　　　　　　　32
苗绣，针凿历史　　　　　　　　　　　　　　38
大漆，太古遗音　　　　　　　　　　　　　　44
建窑天目，复兴之路　　　　　　　　　　　　50

美好生活
衣
鄂尔多斯1436，优质羊绒的未来　　　　　　　60
NE·TIGER东北虎，中西合璧路在何方　　　　64
上海滩，上海风格的速度与掣肘　　　　　　　68
玫瑰坊，天生雍容　　　　　　　　　　　　　72
例外，中国衣装的国际立场　　　　　　　　　76

用
I Do，为了长久的承诺　　　　　　　　　　　80
Qeelin，中西合璧的传奇　　　　　　　　　　84
富御，翡翠之美　　　　　　　　　　　　　　88
昭仪翠屋，打造中国珠宝品牌　　　　　　　　92
做中国最好的高级腕表　　　　　　　　　　　96
熊氏珐琅，方寸间的大学问　　　　　　　　　100
雙妹，复兴上海名媛文化　　　　　　　　　　104
佰草集SPA，汉方的兴起　　　　　　　　　　108

食
五粮液，浓香旗帜　　　　　　　　　　　　　114
茅台，从地名到国酒的真历史　　　　　　　　116
国窖1573，400载的传奇　　　　　　　　　　120
郎酒，山谷清泉　　　　　　　　　　　　　　122
文君酒，白酒的轩尼诗式表达　　　　　　　　124

CHINESE
FINE ART

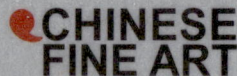

创意设计：郭承辉

创意说明
中国印，老宋体。
品上之点创意为逗号（时尚品牌家族成员之一），
祥云、蝌蚪（寓意生命）。

创意设计：陈承辉

创意说明

中国印，老宋本。
品上之意创为方凸显（时尚商品旗舰店之一），
样云，襟袖（寓意生命）。

CONTENTS

古越龙山，真正的国酒	126
峨眉茶香，论道竹叶青茶	130
柏联普洱，醇香如酒	132

住
春在，当代中式精致居家设计	138
永琦紫檀，中国传统的复兴和传承	142
景迈柏联精品酒店，热带雨林的神奇乐土	146
昆明柏联精品酒店，高原湖畔的四季天堂	148
重庆柏联精品酒店，与自然共生的温泉度假花园	150
苏州拙政别墅，与世界文化遗产为邻	152
健一公馆，中国古典建筑之美	154
上海涵璧湾中式别墅，传承江南水乡之家	156

人物
于丹，品不落相	160
马未都，重建精品之源	164
马艳丽，定制多面角色	168
郭培，我给中国时尚做嫁衣	172
张又旭，名表名士皆风流	176
张丹阳，年轻的香道	180
郭承辉，精品必须"物尽其用"	184
陈仁毅，茶香花画	188
叶放，雅是精品的核心	192
黄永松，大巧不工	196
张耀，古树普洱情结	200

精品报告
中国奢侈品消费调查报告	206
中国精品论坛	212

西风东渐
西风东渐	226
中国高端品牌梦的释疑	230

跋
中国式复兴	234

中国精品购买地图   236

夢精品

品,国人之精品梦

在时尚成为欧美专利的当下,精品生活也成为了欧美价值观的体现和商品化的策略。我们正在为中国只是制造和消费的角色而自喜着、自悲着。其实只要重温一下中国精品生活的前世今生,就可以知新了。借古开今,继往开来,时尚既然是时代的风尚,那么中国精品,难道不值得期待吗?

序

中国精品，精品中国

文 / 叶放　图 / 雷子人

精品者，是至精的物品，也是精致的品质。

其精有精美、精彩、精华、精通、精诚、精思之意，而其品则有品牌、品位、品行、品性、品德、品格之意。

精品是物质，也是精神。是具象之器，也是抽象之道。精品是由器而道的生活形态与方式，更是以形而上落实到形而下的人文理想与观念。也就是说，精品是一种文化，蕴含有两个层面的意义。精代表物质层面的，好上好，精中精。品代表精神层面的，格上格，品中品。

显然，无论是创造制作精品，还是欣赏享受精品，精而无品是远远不够的。所谓精物神品，就是指一个精美绝伦的物产，同时也必须具有出神入化的品格。

纵观中国上下五千年的历史，精品的文化可谓源远流长。从商周青铜，两汉髹漆，到两宋瓷陶，明清家具，有编钟、帛画、缂丝、刺绣，也有吴越剑、兵马俑、唐三彩、元青花。包括书法水墨、古琴昆曲、南管京剧、中医武术，花艺香学、茶道酒经等等，所谓物质与非物质的文化经典。而园林无疑是最具有经典意义的代表，不仅是精品物质的承载空间，更是精品精神的寻梦天堂。

从唐《艺文类聚》、宋《太平御览》，到明《永乐大典》、清《四库全书》，在这一系列国家级典籍文献的鸿篇巨著里，我们可以充分感受中国精品文化的博大与深厚。而其美妙与感动，就不仅记录在图书馆的印刷品和博物馆的陈列之中，更弥漫在那世代相传的故事和记忆中，流芳千古。

如果说晚明清初的江南曾经有一番富裕而不庸俗的社会风尚的话，那么是因为当时有一批文化精英在未能达善天下，唯有独善其身的时候，把他们的才华与情感，修行与领悟，演绎成了生活的哲学，也就是我们所说的风雅文人用智慧与理想建立起一个衣、食、住、行、玩的欣赏标杆，从而成为无论王公贵胄，还是士人庶民，缙绅大夫或者富豪商贾，一致的崇尚与追求。换句话说，有一个自然自觉又兼具物理哲理的精品之道。

以此精品之道的生活来说，衣有绫罗绸缎，云纱霓裳，以粉露添春，珠翠增色。食有家厨私房，船菜雅宴，以醇酿助兴，碧螺随韵。住有山庭水园，花梨紫檀，以泉汤沐体，精油舒神。行有舆轿骏骑，马车扁舟，以画舫载歌，花驴卧醉。而玩则古董文物，名人字画，桃源蓬莱，名山大川，把玩游玩，一切以雅为尊，身心相融。独乐有书斋，众乐有雅集，书童与丫鬟，供香奉茶，伺琴候棋，道友以清客，吟诗唱曲，笔墨酬和。在那时的奢侈，便是白天吃袁枚的随园家厨宴，晚上听李渔的芥子园家班戏。

至今人们仍能从张择端的《清明上河图》、钱贡的《环翠堂园景图》和徐扬的《盛世滋生图》中，看出明清时代的社会场景，也可以看出精品生活的历史情境。

而在众多明清文人的小品笔记和散文杂记中，我们则仍可以读到那时精品的风雅特质。如文震亨的《长物志》、张应文的《清秘藏》、陈继儒的《妮古录》、王象晋的《群芳谱》和屠隆的《考槃余事》、李渔的《闲情偶寄》、高濂的《遵生八笺》、林有麟的《素园石谱》、袁枚的《随园食单》以及袁宏道的《瓶史》、陈溟子的《花镜》、计成的《园冶》、陆绍珩的《醉古堂剑扫》等等。对生活中各种精品事物从内容、形式、材质，到情趣、品位、格调都作了淋漓尽致的诠释和演绎。或收纳国家史册，或盛行坊间案头，其对中国精品生活和文化的影响，深刻而致远。

文人建立的品鉴体系和富贵结构的消费体系以及工匠组合的制造体系，勾画出一个中国精品的生态特色，由此引发并串联起的精品产业链，成为了那个时代风尚繁华的根本依托。曾几何时，这精品的时尚不仅是中国的时尚，也是世界的时尚。

自14世纪路易十四在凡尔赛宫中兴建特列侬瓷宫起，到17世纪，法国出现了中国艺术品、工艺品的流行。来自中国的绘画、瓷器、漆器、年画、刺绣、服装、壁纸、地毯、家具等，即所谓的"中国巧艺"和仿制中国造型及装饰的各种器物，成为法国乃至欧洲权贵富豪的象征标志。

让欧洲人开始了解中国是13世纪末的意大利旅行家马可·波罗，而让欧洲掀起"中国热"高潮的则是法国启蒙主义思想家伏尔泰。在18世纪中，伏尔泰以中国为政治道德的典范，思想上的推崇将"中国热"推向了影响深远的新高潮。当时的欧洲，以营造中国式园林为时尚，亭、塔、桥、洞的点缀，成为上流社会生活的最高象征。以至到了20世纪，香奈儿仍以中国18世纪的髹漆屏风为收藏，并以屏风上桃源山水的图案作为了晚礼服上的范本。

由此可见，称18世纪前后也就是晚明清初，世界的时尚之都在中国，在中国的江南苏杭，毫不为过。当然，在那个时代的欧洲人看来，中国就是品牌。

虽然品牌的概念在近百年才成为商业文明的主要内容，但在中国商业发展的历史上，早在千百年前就有了品牌的踪迹。无论是工匠纪年的铭记，还是堂名斋号的符号，都可作为营造的辨认和监制的自信，或者作为产品特点和个性的宣扬。这其中，既有鲁班匠作、蒯祥木作、计成园作和时大彬紫砂、陆子冈玉牌、张鸣岐手炉以及胡开文墨阁、张小泉剪铺、王星记扇庄等，也有澄心堂宣纸、五大窑瓷器、织造府绣品和同仁堂药品、内联陞鞋子、姜思序颜料以及全聚德烤鸭、采芝斋茶食、黄天源糕点等等。

中国古代的品牌，不仅以质为保障，代表了精工与高格的水准，更以人为核心，代表了创造与生命的赞美。也正是这些品牌的符记，成为了我们文物检索的依据与考证，文化传承的想象与契号。

然而时代变革，在社会经济高速发展和商业文明快速演化的背景下，中国品牌节节衰退，西方品牌的强力冲击，更是雪上加霜。虽有不少品牌的名称记号被继承下来，但品牌的文化意念与情感寓寄却已断裂消失。在失落了商业市场影响力的同时，也失落了更重要的物质精神价值观。换句话说，失落了中国文化所赋予的器道伦理。

其实掀起18世纪欧洲中国热的深层原因，正是来自孔孟老庄的哲学思想，因为中国先哲们在著作里所创造的，不仅是一个理想的政治社会，还是一个理想的精神世界。这人与人的关系，人与社会、人与自然的关系以及人与文化历史的关系，相谐而相和。这也正是我们精品之道的灵魂。

在时尚属于欧美话语专利的21世纪，精品成为了欧美价值观的道具和全球一体化的旗帜。显而易见，欧美的商业文明早已衍生出一套成熟的制造、销售、消费和质量、品牌、荣耀的精品体系和文化。这里有家族成长与企业发展的变迁故事，传统尊重与创新自豪的观念信仰，也有物质享受与理想诉求的情感积淀，市场策略与运营技艺的经验智慧。

毫无疑问，我们不必为当下中国只是精品制造与品牌消费的角色，却无精品创立和品牌建树的作为而悲喜纠结，中国人不断高涨的精品热情，让我们有理由相信，中国精品的春天并不遥远。与其说洋为中用，是以欧美之石攻中国之玉，莫如说温故知新，是以中国世界观借力欧美方法论，继往以开来、借洋可开中。

所谓格物致知，象外生象，精品带来的不仅是生活的态度，还是生命的气质、风骨和境界。中国精品是中国人创造的精品物质，精品中国是拥有中国精神的精品世界和拥有精品物质与精神的中国文明。

并非中国被精品，而是精品被中国。

这是一个经济亢进，商业肆行，精品呼之欲出的时代，所谓回顾过去，是为了面向未来。或分享经验，或思辨道法，相信中国精品的众说纷纭和各抒己见，意义非凡。

序

机不可失

文 / 瘦马

2011年11月30日，在美国《时代周刊》的专题报道图片中，一对中国夫妻坐在自家客厅里，身边摆满了购自世界各地的名牌奢侈品，文章中写道"他们有一辆梅赛德斯－奔驰汽车……他们甚至给6个月的孩子穿上专门设计的衣服"——这篇名为《中国中产阶级大跃进》的报道主旨非常鲜明：中国正在崛起的中产阶级已成为世界跨国公司的主要消费者，全球经济复苏的希望倚赖于此。

不仅如此，中国精品的力量也正在重新振兴之时，机不可失。

之所以这么说，要从中国精品所处的背景谈起。中国经济仍然持续高速增长，中国也已经超越日本成为世界上最大的奢侈品消费国，这说明中国的高端精品消费需求旺盛。然而纵观整个市场，目前在中国消费的精品几乎全是舶来品牌，西方精品早已在一至三线城市全面布局，通过直营的方式掌控了奢侈品销售的渠道，这对中国精品自身发展的冲击不言而喻，也形成了十分紧迫的局面。幸而中国精品迎来最为关键的发展时机，在"十二五"规划中创意产业被作为重点产业进行布局，如果错失这个良机，将很难再遇到下一个契机。

回过头再考虑另一个问题，中国的精品能提供什么？坦诚地说我们的精品之道尚不成熟，距离真正的精品产业更是路途遥远。造成今日局面的原因既有东方民族普遍保守不擅营销的原因，但更多的还是因为价值观的变化和历史脉络。

中国商品经济社会在短期内发展迅速，这让所有人都抱着一个念头：同一个蓝天、同一个梦想。而这个梦想就是：挣钱、挣钱。挣钱无罪，但我们却由此丧失了思想的丰富性，也丢失了最初的想象力和乐趣，自然也缺乏了创意的动力。

在过去的许多年里，我们整个大环境都不鼓励创新，包括政府也没有给创意提出一些鼓励政策，直接导致大家不去想创新这件事情，这是造成创意缺失的主要原因。我们生活在一个连个人生活都受限制的环境中，太多的规矩和教条很容易把人变成机械的蚂蚁。想想就在不久的十几年前，我在国企工作，想留长发，领导说这不可以，想焗油，领导说这也不可以。连选择起码生活样态的权利都没有，还谈什么创新呢？

这也是一个断代的年代。国人对历史不够尊重，不爱护也不懂得如何保存和发扬历史，当一个民族将自己的历史碾碎，拒绝沉淀，注定就只能生产快餐产品，只能提供粗劣的服务，精品不过是天方夜谭。这也就是为什么中国有很好的原材料，比如蚕丝，却只能将其出口至西方，待精加工之后再高价卖回中国。因为对历史和传承的不尊重，导致手艺人流失，沦为流水线工人，我们便缺少了技师，养不出大师。可没有了大师，我们的精品之道又从何谈起？

幸而还有些资本以供我们翻身。我们还有上下五千年的土壤，这个丰厚的历史足够能演化出各种令人目眩而又值得品味的物品。我们还有炎黄子孙的勤劳、韧性和民族生命力，借此我们可以沉淀自己细细雕琢。

我们也有一些人开始意识到精品的问题，从理论走向了实践。如同李亚鹏将自己定位于一个推动中国书院的企业家，他去苏州、台湾拜访大师，也在丽江建设书院酒店。他在唤醒始于宋代的书院文化的精髓，大到可以为国人提供一种优雅的生活方式，小到可以定制的印泥、印章。更重要的是这会形成一种示范效应，让精品理念能够扩散开来。

当然资本并不能成为随意挥霍的理由，虽然中国精品并未被宣判死亡，但事实却已给我们敲响了警钟，何况勤劳的中国人已经不再勇敢了。勇敢是指什么呢？是敢于冒天下之风险，有创意、创新。现在的国人更加中庸了，这也跟中国不鼓励创新的大环境有关系，所以很多人宁可守着那份家业，宁可去复制别人的东西，不敢也不会创新。所以说现在正是该迷途知返、崛地而起的时候。

这也是为什么我和《罗博报告》一直要深挖中国精品这一概念的原因，也是我们联合多家中国品牌在今年做中国精品社交论坛的初衷。论坛的目的就是整合中国的一些精品行业的发起人，通过归纳、整理和挖掘来反思中国精品发展的困难和障碍，我们还有哪些契机可以挖掘，如果有机会，我们怎么来做？这是个系统化的工程，而作为中国精品产业链里的一环，责无旁贷，必须要站出来充分利用媒体的价值和功能，将中国精品这一话题推向社会，使话题效应最大化。

或许不关乎生死，却是关乎中国精品继续沦落还是绝地反击的时刻。作为中国关注富裕阶层生活方式的第一媒体，我们"责任所在，心之所在"。假以时日，但愿当中国人再次以消费者的身份出现在西方媒体上时，他们面前展示的奢侈品不仅是"中国制造"和"中国购买"，更是真正的"中国品牌"。

手感精神

中国精品的手感精神

触通于天地者，德也；行于万物者，道也；上治人者，事也；能有所艺者，技也。60年前，民艺学家柳宗悦曾经这样描述手工艺的价值："手总是与心相连，而机器则是无心的。所以手工艺作业中会发生奇迹，因为那不是单纯的手在劳动，背后有心的控制，使手制造物品，给予劳动的快乐，使人遵守道德，这才是赋予物品美之性质的因素。所以，手工艺作业也可以说成是心之作业。有比手更神秘的机器存在吗？为什么手的工作对于一个国家来说非常之重要，大家都有必要思索。"而今，我们愿在此思索——手工艺对于中国精品品牌之价值。

胡焱荣的眼光已经超越了翡翠作为一种宝石的价值。翡翠只是他表达自己艺术理念的一种材质，除了特殊质地和珍贵价值，翡翠与泥土并无分别。"让人忘记这原本是一块翡翠。"这位孜孜以求的艺术家说。

翠色春萌

文 / 吴桑中　图 / 富御艺术馆　插画/肖遥

将昂贵坚硬的翡翠原石变成艺术品，不仅需要财力和巧匠，更离不开源自华夏美学的代代创新。

前世，清室奇珍

翡翠的身价扶摇直上，其实不过近300年的事。在乾隆以前，翡翠一直不被认为是珍贵的宝石。明代徐霞客游历云南时，有人送他两块"翠生石"，即翠色的翡翠原石。徐霞客请人雕成砚池和杯子，雕工花了一两五钱银子，比石头的价格还贵。

徐霞客之后一百年，纪晓岚在《阅微草堂笔记》中记载，他年幼的时候，也就是清雍正年间，云南出产的翡翠玉并不被视为玉石，只不过是像"蓝田乾黄"一样，勉强被赋予玉的名字。然而到了乾隆年间，翡翠忽然风行于达官贵人之中，成为珍玩，价值甚至远远超出了和田美玉。

最能体现翡翠价值飙升的，是故宫的珍藏。故宫博物院收藏翡翠800多件，举世无双，其中绝大部分是清代宫廷的遗存。据清宫档案记载，乾隆三十六年（1771年），地方官为祝乾隆寿辰，进献翡翠瓶一件。这是清宫中最早出现的"翡翠"字样。之后，地方官吏经常将翡翠进献到皇宫。光绪十五年，鉴赏家唐荣祚在《玉说》中提出了翡翠的鉴赏标准："艳夺春波，娇如滴翠，映水则澄鲜照澈，陈几亦光怪陆离，是为翡翠之绝诣。"

今生，故宫新藏

2011年10月，北京故宫博物院又甄选了两件当代大师胡焱荣的作品作为永久馆藏，这是一百多年来故宫首次收藏翡翠雕件。

翡翠雕刻，让翡翠超越了材质本身。

富御品牌翡翠珠宝。

名为"百年好合"的雕件由一枚极品冰种紫罗兰带彩翡翠雕成,绳结之上并生两株兰花,一株淡紫,一株嫩绿,花叶迎风摇曳,花上栖着一只纤毫毕现的蝴蝶。另一件名为"一露甘甜",用一块冰种带彩翡翠雕琢为萧瑟秋荷,荷叶仅余脉络,顶上荷花凋零,在清雅枯寂中,一只翠绿的青蛙从叶子上跃下,叶脉上的露珠盈盈欲滴。在胡焱荣的手下,坚硬沉重的翡翠变得摇曳生姿,这是翡翠雕刻从未呈现过的细腻、轻盈和飘逸。

在传统的审美中,翡翠雕刻的作用,是表现石头的光影和剔透。即便经过匠心独运的设计和雕琢,也只是为了更加清晰地表现和烘托石头本身的美。因为坐拥缅甸18座矿坑的出产,在大多数人把翡翠的价值锁定在材质和重量的时候,胡焱荣的眼光已经超越了翡翠作为一种宝石的价值。用他的话说,翡翠只是他表达自己艺术理念的一种材质,除了它的特殊质地和珍贵价值,翡翠与泥土并无分别。所以,胡焱荣会用三年的时间,将一块八九公斤的冰种三彩翡翠的大部分珍贵翠色琢去,最后剩下不到一公斤的,是一叶洁白的枯荷,脉络分明,看上去仿佛轻如鸿羽。"让人忘记这原本是一块翡翠。"这位孜孜以求的艺术家说。

台北富御艺术馆中陈列着胡先生的作品。

中国精品 | 手感精神 | 翡翠

从选石开始，决定了一件艺术品的成败。

翡翠雕刻的收藏法则

材质：翡翠本身的材质无疑重要。水头好的翡翠，譬如是冰种或者玻璃种，即使是无色，也是价值不菲。

技法：有好的雕工，能够运用原石本身的颜色材质，与创意配合得天衣无缝，这是传统对翡翠雕刻的要求。

艺术性： 突破传统，加入更多的当代审美创新和人文精神。

轻盈如羽毛的翡翠雕刻作品。

一件翡翠艺术品的诞生

第一阶段：构思、审料、设计、勾样

第二阶段：切形、做坯、做出内外轮廓

第三阶段：粗雕、精雕、琢磨细节

第四阶段：抛光、配座装匣

细部的每一片叶子都是精雕细琢。

中国精品 | 手感精神 | 缂丝

工作人员演示缂丝制作过程。

缂丝，织中之圣

文 / 左恩慈　图/翰宸文化 提供

缂丝，又名刻丝，是中国历史上最为古老的昂贵织物。宋元以来一直是皇家御用织物之一，常用以织造帝王服饰、御真（御容像）和摹缂名人书画。在年轻的传承人手中，它又是一件撼动世界时尚的织造工艺。

织就贵族生活

缂丝是一门古老的手工艺术，它的织造工具是一台木机，几十个装有各色纬线的竹形小梭子和一把竹制的拨子。织造时，艺人坐在木机前，按预先设计勾绘在经面上的图案，不停地换着梭子来回穿梭织纬，然后用拨子把纬线排紧。织造一幅作品，往往需要换数以万计的梭子，其历时之长，功夫之深，织造之精，可想而知。

据日本学者藤井守一先生研究考证，中国的缂丝织物远在彩陶土器时期（公元前2500年左右）就已存在，到商代（公元前1600～前1046年）缂丝织物制作已很精良。缂丝起源于何时已很难考证，但从传世的实物来看，早在中国汉魏时期就有了。在蒙古出土的有汉代"山石树"丝织的残片，它的织造方法"通经断纬"，与北京双塔出土的宋缂丝"紫汤荷花"完全一样。宋代，缂丝最富盛名，无论包首、装裱，还是缂丝艺术品山水、花鸟、人物等，已达到相当水平。那时"以河北定州所制最佳"，"以宣和时制作最盛"。明代，缂丝生产被皇

明黛绿地缂丝桐封秋实团扇。

室垄断，技艺的装饰意味就显得尤为浓厚。

清乾隆时缂丝大盛，且极精好。《红楼梦》所记尚能窥其"盛况"。《红楼梦》第五十一回写道："凤姐命平儿将昨日那件石青刻丝八团天马皮褂子拿出来，给了袭人。"时至晚清，随着国势衰弱，中国近代战乱不断，缂丝工业出现了濒临灭绝的状态，这个时候，通过近代中国工业开创者张謇的努力，缂丝技艺在他的故乡江苏南通得以保存。

考验继承者的技艺

南通工艺美术研究所的缂丝艺术传人王玉祥先生的缂丝技艺，就得益于南通女工传习所第一批学员的亲授。这一段缂丝变迁的记载来自于王浩然，他是缂丝传人王玉祥先生的外孙。小的时候，他亲眼看到缂丝复兴时的繁盛情况：20世纪70年代末中国改革开放，日本商家大批量地向中国订购和服腰带和贵袈衣（日本和尚高档礼服性袈裟），缂丝行业迅猛发展，苏州、南通及杭州周边地区缂丝厂家和作坊也逐渐成立。到了20世纪80年代各缂丝厂家纷纷添置缂机设备，人员达一万之众，缂机上万台，超过了历史上任何一个时代。王玉祥先生与苏州同时代的缂丝大师（现为国家级工艺美术大师）王金山先生被誉为"二王"。然而到了20世纪90年代，由于工艺美术外贸任务日趋下降，技艺人员外流，缂丝制造一度停滞。然而苏州刺绣研究所和南通宣和缂丝研制所（原南通户田经贸）两家仍坚持生产。如何发扬、传承这门艺术却成为"二王"都在摸索的难题。

中国精品 | 手感精神 | 缂丝

清缂丝花卉纨扇。

国家非物质文化遗产传承人王金山先生作为当代的缂丝大师,为了发扬这一比苏绣更加繁复的艺术,在苏州成立了王金山大师工作室。他认为判断一幅缂丝作品是否有价值,要看它的年代、工匠、技艺表现手法、色彩、质感等各方面的细节。真正的缂丝作品都会有隙缝和小眼,而且其对光线的折射不强,显得简朴而柔和,甚至略显"古板",而非许多人想象中那般"完美精致"。也正因为如此,许多追求新奇的年轻人,难以对这门艺术产生发自内心的热爱。面对缂丝技艺后继乏人的境遇,王金山以个人名义成立的工作室,承担起了自费培养缂丝接班人的责任。"这项工作正面临着许多挑战",王金山说。他曾经做过这样一个比喻来形容缂丝技艺对耐心和毅力的考验,他说:"这是一门比刺绣还要枯燥的工艺,织久了,看别人的脸都是一丝一丝的。"

王玉祥先生的外孙,现宣和缂丝研究所负责人王浩然也坦言自己小时候并不能理解姨祖父对缂丝制作的坚持。"从我记事起,姨祖父几乎是贴钱在养活研究所的技工,因为培养一个技工太不容易,需要三五年工夫。那时候南通的缂丝研究所已经解散,但姨祖父却舍不得培养了那么久的技工转行去做别的。最后,连家人也不能理解,为什么我们要做一家公司,每年却是搭钱去养活工人和生产。"王浩然回忆说。

直到王浩然大学毕业前夕,有一天姨祖父忽然对他说,想要最后织两件作品捐给南通省博物馆,然后解散最后10个工人,不再让缂丝给家庭经济带来负担。"那是我第一次看到他流泪。不再做缂丝对我来说,意味着结束自己的艺术生命。"在那一刻,王浩然升起了一种责任,他决定从北京回到南通,继承缂丝的研究和生产。王浩然确定了自己的目标,也是改制后的宣和缂丝研究所的使命:以传承的方式重塑中国生活艺术。虽然文学专业的王浩然并不能熟练掌握缂丝的技艺,他却要做到让缂丝走向更广阔的市场,走进当代人的生活。

从博物馆到奢侈品展位

整整一年,王浩然的工作都集中在如何重新定义缂丝的历史地位和学术价值。"缂丝并不是

缂丝能自由变幻色彩，因而特别适宜制作书画作品。

民间工艺，而是属于中国皇室的艺术，它和书法绘画一样，代表了中国人对极致艺术的追求。"王浩然说。缂丝能自由变幻色彩，因而特别适宜制作书画作品。缂织彩纬的织工须有一定的艺术造诣。缂丝织物的结构则遵循"细经粗纬"、"白经彩纬"、"直经曲纬"等原则，即本色经细、彩色纬粗、以纬缂经、只显彩纬而不露经线等。由于彩纬充分覆盖于织物上部，织后不会因纬线收缩而影响画面花纹的效果。

王浩然拿出一把团扇，那是宣和缂丝研究所最新出品的藏品。在太阳光下，缂丝扇面如烟霞一般变幻着色彩，嫣红流金，粼粼闪光，宛若落霞映在秋水之上。仿佛将一团霞光握于手中，使那紫檀的扇柄、精致的雕工都显得微不足道。他又展开一卷金线和彩线制成的翠竹画卷，浮雕一般的翠色竹叶之下，象牙色的底色会随角度而变化，那隐隐金光如星星散落在雪中。"我给你看的样品，都是残品，没有织好的。有的是在制作过程中一根线没有处理好，我们也不会出售这些给客人。"王浩然说。缂丝追求完美精工的特性，吸引了一批日本和欧洲的客户。日本前首相鸠山和夫人在宣和缂丝定制了作品作为礼服的腰带，京都传统旅馆柚子屋的招牌也是缂丝织成的。但王浩然认为，这些显然不能作为缂丝研究所的主要方向。

"我们目前的主要工作是和国内外的博物馆合作，运用传统缂丝技术复制藏品以及重新定义缂丝在中国服饰历史上的价值。"王浩然说，他认为缂丝发展最大的困难，是学术研究和当代生活的隔断，很多学者优秀的研究素材并没有被广泛运用。他去拜访台湾研究中国传统配色的教授，希望能重建中国的色谱，把这些运用到缂丝制作中。

宣和缂丝也曾经为时尚品牌"东北虎"、"上下"提供面料。王浩然认为这只是初步的尝试。"缂丝作为最名贵的传统面料，可以广泛运用于服饰、家居产品的设计。但前提是，这些产品有华夏审美价值的灵魂。缂丝不能被当代设计简单地挪用和嫁接，如果有越来越多中国的设计师，可以了解这种材质，以其为灵感做出作品，是对传统工艺发展最大的支持。"王浩然说。

云锦《红喜相逢》。

"中国传统的奢侈都是内敛的,是指向自己内心感受的。"在天坛边上的展厅里,云锦大师金文开宗明义地向我进行了一场有关丝绸、有关云锦、有关中国奢侈文化的讲解。

妆花云锦的前生后世

文 / 牧童　　图 / 金文 提供

丝绸文化的辉煌延续

"中国人喜欢丝绸,为什么?"金文大师俏皮地问我,还没等我回答,他看着墙上铺挂着的那幅巨大的云锦作品做了回答:"中国的文人雅士喜欢丝绸在行动时发出的窸窸窣窣的声音,喜欢看到丝绸在运动中由于角度不同而产生的色彩上微妙的变化以及光影的流动,而这都是关乎穿戴者自身的感受的。说到云锦就离不开丝文化,而与文人雅士的丝文化有所不同的是,由于皇家的强力介入,云锦运用'色晕'层层推出主花,富丽典雅、质地坚实,花纹浑厚优美,色彩浓艳庄重。大量使用金银线,形成金碧辉煌的独特风格。"

明人吴梅村有诗曰:"江南好,机杼夺天工,孔雀妆花云锦烂,冰蚕吐凤雾绡空,新样小团龙。"虽然寥寥几句,却是古人对南京云锦最为精彩的描述,将云锦的流光溢彩、灿若云霞勾画得淋漓尽致,引得人们对这门中国的古老工艺一阵遐想。

对于南京而言,云锦就像是一张独特的文化名片,向人们诉说着关于这座古城的深厚文化积淀。说起能与云锦结缘,生于南京、长于南京的金文流露出了别样的情怀。"上个世纪70年代,当时的云锦日渐凋零,为了保护传统工艺的传承,国家决定恢复云锦的生产。我那个时候喜欢绘画,就成了云锦车间的操作工。"学习的过程是寂寞的,能坚持下去,放弃所有的诱惑,对刚刚二十出头的小伙子来说确实很难,但是金文全凭着对云锦艺术的热爱在这条路上一直走了下去。

还原"皇帝的新装"

"云锦工艺的独特之处就在于,它是用老式的提花木织机织造出来的。在中国4700多年的丝绸织造史、300多年的织锦历史中,是唯一流传至今尚不可被机器取代的,挖花盘织凭人的记忆编织的传统手工织造工艺,必须由两人配合才能完成。坐在上层的提花工负责提升经线,坐在下层的织造工负责织纬、妆金和敷彩。因为是纯手工织造,并且工艺复杂,所以每天只能生产5~6厘米,这种工艺至今仍无法用机器代替,素来有'寸锦寸金'的说法。"

在元、明、清三代,云锦仅作为御用贡品进贡给皇家。帝王的龙袍便是由整块的云锦制作而成,这也是最能反映云锦高超绝技的制作工艺的,而金文更是新中国成立以来第一位龙袍制

中国精品　｜　手感精神　｜　云锦

云锦《五福龙》。

作者。当时，十三陵定陵出土的明万历皇帝龙袍因为年代久远逐步毁坏，急需复制。金文大师承担了连老师傅都觉得有困难的艰巨任务，为还原最华美的艺术，在故宫一待就是两年，一口气织出了3件龙袍，并且获得了中国工艺美术百花奖最高奖"珍品金杯奖"。"一件龙袍有一百多万纬线，由几十个人合力制作花本，有各种错误在里面，我几乎就是在机子上一边织一边改地做出来的。"说起复制龙袍时的艰辛，金大师至今都叹气，却毫不后悔。

化解危机的转变

但是由于龙袍的曲高和寡，金文所在的云锦研究所也逐渐地被时代所抛弃，云锦处在四面楚歌的危机中。

转机出现在2001年，金文去了南京博物院，开始在那里做一些云锦历史的资料整理工作。由于在博物院设计和制作完全自主，"认为好的就投入生产。随着市场化的发展和变化，我的产品越来越丰富。我的作品不断获得好评，几乎年年有金奖。我也成为云锦行业唯一的中国工艺美术大师和国家级'非遗'项目代表性传承人，我自己建立了江苏汉唐织锦科技有限公司（国家级非遗保护单位）、金文云锦艺术研究院和云锦艺术馆。"

为了生存，云锦也开始改变自己的面貌。原来做龙袍，一件很大，影响也好，但它卖给谁呢？龙袍买不起，买龙袍的一角总可以的。金文就开始带领技工做一些小东西，云锦慢慢开始进入礼品市场，"我们开始做领带，做围巾，做小的框画。这样云锦从过去以服饰为主转到现在的礼品市场。"这种转换让更多的人迅速地了解云锦，"不过也把原来一个很好的传统市场给丢掉了。"金文不无遗憾地说。

2007年5月24日，台湾著名企业家郭台铭之女郭晓玲与曹斯杰的婚宴在台北举行。乐队奏响《婚礼进行曲》，身为台湾首富千金的郭晓玲挽着同为豪门子弟的新郎，在聚光灯的照耀下一脸幸福地走出来。令人们惊喜的是，这一对新人身穿的并不是结婚礼服，而是"云锦情侣装"。传统与现代的结合，古典与时尚的传颂。

"之前我并不认识郭先生，郭台铭通过朋友找到我，意欲为自己的女儿定制云锦婚装。一共定制云锦服四件，即为女儿的新娘晚装、新娘盛装各一件，为女婿的男装礼服一件，女儿婆婆的云锦大披肩一件。"接到订单后金文十分喜悦，当即与夫人、同行们一起投入设计制作，终于在一个月内拿出了成品。"考虑到新娘是大家闺秀，晚装选料为米色缠枝织金妆花缎，缠枝莲花富有平和美满之蕴，出水青莲纯洁高雅之气，同时我们又将中国传统文化元素与现代时尚相结合，展示新娘雅致温馨的东方文化气韵。"

这一段情缘引发了金文大师的台湾之行，台中科技博物馆全馆工程竣工之时，曾引进一批古

当代云锦家居产品。

云锦《秦淮月色》。

代科技实物作为展品,其中就有南京云锦织机,金文大师亲自护送这台织机跨越海峡。在现代化的明亮展厅中,金文指导工人将4米高、6米长的织机装配完成。濒临失传的传统技艺让台湾观众大开眼界,金文至今还记得,云锦展区当时被围得水泄不通。

让非遗活态传承

"申遗不是让它成为文物,而是要让它植根于本土活起来,并且还要与时俱进。"金文说到云锦成为联合国的非物质文化遗产时非常自豪,但是对于大多数云锦工坊依然拘泥于古老的规制和纹样之下感到非常焦急。"当这个技术真的成为仅供展览的文物时,它也就临近失传的危险。"所以金文目前刻不容缓的任务就是"要让云锦活态传承,让年轻人接受它并喜欢上它",这样才有延续和传承的可能。"我们的任务是让它越来越能够在民众中间生根,而不是进了博物馆。如果云锦进入博物馆,将来就是一个墙面上的东西,是一个遗留的艺术。如果能生在民间,现在年轻人还能接受,那么它就是一个流传的艺术,是一个能生存下去的艺术,这就是我们所希望的。"

金文大师设计了大量适应当下潮流的云锦作品,比如说以西方的"视错艺术"的外在形态,叠加传统文化的内涵,这类产品就比较受年轻人喜欢。再比如说用最高级的雄蚕丝制作的领带,全是改良的传统文化艺术,也很受市场的欢迎,还获得联合国杰出手工艺品徽章。

2010年的上海世博会,南京云锦不仅把古老的织造机搬进了世博会作现场展示,用云锦工艺织就的5000幅"中国馆"还在世博会特许商品专卖店进行了出售。另外,2014年即将在南京举办的青奥会,云锦也将成为代表南京的纪念品与各国嘉宾见面。

赵辉在宜兴紫砂工作室中。

清康熙陈鸣远宜兴紫砂南瓜式壶。

紫玉金砂，文人风雅

文 / 马博　图 / 匡时拍卖赵辉 提供

宜兴紫砂是举世闻名的中国珍品，其高超的技艺、丰富的艺术性赋予了手作艺术不可估量的价值，让中国陶艺成为与瓷器艺术双峰并峙的局面。

以物映心

价值连城的紫砂壶以宜兴地区自古常见的砂土制成。本是寻常之物，却在历代手艺人的传承中身价倍增。

紫砂工艺陶的创始，从一些历史杂著中，可追溯到北宋，"小石冷泉留早味，紫泥新品泛春华。"——北宋梅尧臣。其间不乏传世精品之作，如紫砂标志性的"供春壶"、邵大亨的"龙头束竹八卦壶"、陈曼生和杨彭年兄妹合作的"曼生十八式"等等，举不胜举。直至万历年间，时大彬确立了至今仍为紫砂业沿袭的用最新槌片、围圈、打身筒的成型方法和泥片镶接成型法。这种世界陶艺上独特的成型方式技术性很强，有些紫砂艺人独特的精巧工艺手法，更是旁人难以复制的，正是这种珍罕性成为明代以来宜兴紫砂为人们珍藏的一个主要因素。

直至今日，宜兴仍活跃着一批以紫砂为创作形式的艺术家，赵辉先生就是其中之一。他生活在宜兴丁蜀镇，自幼就耳闻目染紫砂器的制作。在大学毕业后，他师从江苏省陶瓷艺术大师陈建平师傅学习，开始进行紫砂艺术的创作。其间不断得到徐汉棠、徐秀棠、汪寅仙等当代工艺美术大师的指点。

"做好一件成熟的紫砂作品，时间很难确定，要因壶的制作难度而定。短则十天八天，长则数月。若是创新，几易其稿，时间更不能成为规定条件。"赵辉解释说。一件紫砂作品，是要在他人手中天天近距离把玩的艺术品，每天都要接受观众的品味，这就决定了紫砂壶的制作过程中来不得半点儿瑕疵。

完成一件成功的紫砂作品，其过程从泥料原矿的选择到最后的烧成处理，任何一个步骤都至关重要，马虎不得。"制壶过程中，心绪意乱，杂念一起，手中的泥坯马上就会有变化。完成一件成功的紫砂艺术品最好的经验就是——排除杂念，用心去做。"

超越前代

与一些传统精品技艺面临失传的窘境不同，现代当代的紫砂陶艺家是有紫砂历史资料以来，

| 中国精品 | 手感精神 | 紫砂 |

顾景舟云肩如意三头茶具。

在工艺方面最有成就的。紫砂艺术品在这个时期达到了相当高的工艺水准，一件作品是否达到完美成功的境界，要看作者本身是否表达出精神之意境及特征。

当代紫砂壶成为市场所宠。赵辉却认为能够被称为精品的紫砂一定要具备必要的条件：首先是实用性，优良的实用功能是指其容量恰当，壶把是否便于端拿，壶嘴是否出水顺畅，让品茗沏茶得心应手。使用上的舒适感，可以产生情感，愉悦身心，百玩不厌，让人珍爱有加。

其次是工艺性，紫砂壶的工艺性是指制作的技术水准，也是评审壶艺优劣的准则。最重要的是艺术性，紫砂艺术是一种"源于生活、高于生活"的艺术创作形式。一把好的紫砂壶，除了讲究形式的完美与制作技巧的精湛，还要审视纹样的适合，装饰的取材以及制作的手法。再说壶艺本身就是感情，所以一件较完美的作品，必须能够抒发艺术的语言。既要方便使用，又要能够陶冶性情，启迪心灵，给人油然而生的一定的艺术感受。

描金紫砂壶。

赵辉紫砂作品。

如何鉴别一把好壶

首先是看胎土。胎质色泽温润，经过长年的养护，宛如豆沙般细腻，经人手抚摩后越显出其雅气。

其次看做工。形态淳朴、线条比例得当。

再次看款识。印章本身的金石篆刻味比较重，用印的大小，所钤盖的位置都中规中矩。

最后看神韵。通体气度大方，张弛有度，已经达到了一气呵成的神韵。

当代紫砂作品。

拍卖高价名家紫砂

清康熙 陈鸣远作宜兴紫砂南瓜式壶
成交价：842万港元
拍卖场次：香港佳士得2011春季艺术品拍卖会

顾景舟 云肩如意三头茶具
成交价：1023.5万元人民币
拍卖场次：北京匡时2011春季艺术品拍卖会

顾景舟 相明石瓢壶
成交价：1232万元人民币
拍卖场次：中国嘉德2010春季艺术品拍卖会

中国精品 | 手感精神 | 华夏衣冠

王亚蓉老师被誉为中国古代丝织品保护研究第一人。

中国社科院历史研究所专家王亚蓉先生被誉为中国古代丝织品保护研究第一人，在她看来，考古的目的不仅是文化传承，更是给今天的中国人建立全新的价值取向的基础，对历史辉煌的认识将有助于人们自信的建立，也会为文化服务于生活创造环境。

服饰，古为今用的艺术

文 / 左恩慈　图 / 王亚蓉 提供　插画 / 肖遥

奢侈一隅——古楚衣裳

七十高龄的王亚蓉老师是中国社科院考古研究所特聘专家，同时兼中国古代服饰研究会副会长、国际服饰学会顾问、中国古代纺织品研究保护中心顾问、湖南省博物馆顾问、首都博物馆顾问等。她主要从事中国古代服饰研究与保护，专长为丝绸、服饰的考古现场发掘、保护、研究、鉴定工作，曾参与湖南长沙马王堆一号、三号汉墓保护研究工作。

对王亚蓉事业影响最大的，当数任沈从文先生助手的岁月，协助沈从文先生从事古代服饰的考古研究，编纂《中国古代服饰研究》的那段时光。王亚蓉老师忆起沈从文先生对湖北江陵马山楚墓的发掘的评价，"他说那是打开了一座战国丝织品的宝库"。

在公众的印象中，历史服饰研究属于非常精英小众的学术范畴。王亚蓉老师却认为，考古研究的成果，对我们今天的穿着文化，有着不可忽略的影响。"中国的服装，从出土的实物来看，所有材料都是环保的，都是丝毛棉麻葛藤类的。所有纹饰和染料都是植物、矿物、动物类的。植物染料是非常自然的，色彩的配合关系典雅、漂亮。传统的染色、纺织材料，滚边装饰，璎珞衣带的使用，花扣的应用，这些是中国精品服饰的特点。"王亚蓉老师分析道，仅仅就扣饰的出土实物来看，古代贵族所用的全部是雕刻精美纹饰的金银、玉石、玛瑙等珍贵物料，设计之精妙，即使放在今天和最昂贵的奢侈品服饰相比也毫不逊色。"我在国际会议上介绍出土服饰文物实物，展示战国时期抽象又具象的纹饰设计，外国专家称它们是两千多年前中国毕加索设计的东西。现今中国为什么不能重新引导服饰文化的新潮流？"

从考古成果来看，中国当今拥有的生产技术，在古代就完全具备了，而从纹饰色彩的设计、纹饰和生活的结合来说，现代服饰不如古代。古代出土的服饰、纺织品中，有些技术以现

中国精品 | 手感精神 | 华夏衣冠

湖北江陵马山楚墓标本复原作品。

代的技术来复制很难，一些成品的制作也是机械生产无法替代的。"至少在保留文化样本方面，古代服饰是不应该失传的。"王亚蓉老师说。这样的信念支撑她每天奔波于考古现场和实验室，带着年轻的团队为锦绣文明的再现而努力。

再现历史之美

王亚蓉老师最近两年在做一些准备，以著作的形式系统梳理这些年的研究成果。"很多专家学者劝我，修复一级文物的经验和认识需要发表和整理，是服饰文化研究也是对社会公众的汇报，虽然我们的时间总是不够。做考古工作的人都有一种使命感，包括我带的年轻团队，一个人的力量太渺小了。实验考古学的研究非常困难，主要是研究经费的问题。"她说。

王亚蓉老师自1985年开始以战国、汉代出土纺织品为标本，开展实验考古学研究。1982年湖北江陵马山楚墓出土了几种精品刺绣文物，每一件都不同。"我研究这些文物的时候，就感受到服饰和社会文化大环境是不能分开谈的。在战国时期，人的思想没有羁绊，诞生这么美的服饰不是偶然。"王亚蓉老师产生了依据出土实物摹本以完全工艺方法复制一件衣物的念头，也并不是偶然的。

"有人问我为什么选用湖北江陵马山楚墓作为标本复原？因为那一批衣服的腋下都夹着方形嵌片，看了都不知为什么，因为中国的服装都是平面剪裁平面制作的。直到复原工作完成后，嵌片的功能就出来了。穿上复原实物，系上腰带，不论跳舞还是做何动作，衣裙纹丝不动，举手舞动毫不牵扯衣身，这就是嵌片的作用。如果这一款的形制用于现代休闲服装的设计，会非常有用。"王亚蓉老师轻轻展开这件复原的作品，它参照的标本是1982年湖北江陵马山楚墓出土的内棺主人身上的第10件衣服。可以看出非常实用的刺绣针法，锁绣、打子绣，耐洗耐磨。整件长衣纹饰精美，不论点、线、面都是一种绣法完成的。衣缘附用的缘饰制造难度很大，它的精美正在于其对工艺的精益求精，但现在这些技法早已失传。衣缘绣纹的一个花纹单位是17厘米长6厘米宽，内容为古人上林苑的狩猎场景。奔马、旌旗、大兽、梅花鹿、虎、豹等均在场景中出现，一人持长剑，跟老虎拼搏，另一人持匕首与狍子搏杀，旁边还有猎犬相伴。这些图案用的绣法极繁复，每一个点如一颗珠子，绣时需要在每一个织物组织点上用线绕一下，一条领子，一米五还长，是先织一条平纹绢带再一个个组织点地依设计刺绣。"领子的外附缘是灵活可换的，作用有点儿像西方人的领带，这种实用与讲究也是我们想象不到的。"王亚蓉老师的学生介绍说。

这件考古复原品1991年在湖北荆州博物馆召开的国际服饰会议上，一经公布就引起了学术界的关注。美国哈佛大学张光直教授非常肯定这件作品，并邀请王老师在北京大学的赛克勒博物馆的开幕式上展示成品，应用"实验考古学"的方法研究中国古代服饰文物也由此受到关注，张光直教授鼓励王亚蓉老师再接再厉，继续从事出土文物的复制工作。在王亚蓉老师的研究室里还摆放着一件缂丝金线龙袍，正是近期她为首都博物馆主持复制的文物。

"衣食住行中'衣'排在第一位，是有缘故的。"王亚蓉老师说。服饰，不但代表了一个人的气度，在某些特定场合也代表着国家的文化形象。传统的服饰文化是自下而上，自上而下，互相影响，很多熏陶是生活中来的。"目前代表中国的精品服饰还没有形成，传统服饰的生活场景却已经消失了。"王亚蓉老师感叹。王亚蓉老师因此希望把考古成果尽快发布出来，让大众有渠道学习和分享。虽然，她还要面临经费困难、时间紧迫、团队年轻等诸多问题。"我只是想让大家知道，沈从文先生故去了，但是他严谨的学风还在这里，尤其是对极致精品的追求。"王亚蓉老师说。

何谓"实验考古学"

这种研究形式源于美国考古学家研究石器,用与古代同样的石材制作工具,之后再应用它们砍伐、收割、射猎,这样研究古代生产力,比通常推论性的研究更加接近事实,复制的工具还可以作为原件的替代品供别人研究和展出。后被广泛运用于各类考古发现的原本复制研究。

中国传统服饰形制特点

中国传统服饰又称"华夏衣冠",基本特点是交领,用绳带系结,也兼用带钩等,又以盘领、直领等为其有益补充。结构上分为深衣制和衣裳制两种。用料有锦、绢、绫、罗、帛、布、棉、麻、纱等。虽然由于中国近代社会生活的变化,这一具有中华文明特点的服饰除在重大礼仪场合外并不常见,但它对现代日本、韩国、越南传统服饰产生过深远影响,其艺术特征也被国际时装设计所借鉴。

清代命妇霞帔。

清代贵族女性常服。

| 中国精品 | 手感精神 | 苗绣 |

在传统中发现当代奢侈品，挖掘苗绣被低估的价值，重现苗绣纯粹的美和技艺，是这期《中国精品新传》的目的所在。

苗族女孩身穿精美苗绣。

苗绣的细节，粗犷中见精细。

苗绣，针凿历史

文 / 胡晓　图 / 苗绣精品博物馆

针线的信仰

去年3月的巴黎时装周上，苗绣和苗族纹样一起登场，作为文化主题出现在高级成衣的设计中。当代高级时装品牌和古老神秘的苗族盛装的融合呈现出了奇迹般的和谐和张力。中国自古有四大名绣：湘绣、蜀绣、粤绣和苏绣。而苗绣，因其特殊的历史养成背景和地理位置的边缘性，长期以来被公众和市场所忽视。

大多数苗族人隐匿于中国西南山区，与华夏文化主导的外界隔绝，繁衍生息，自成一体。没有文字的苗族，用苗绣的纹样传承千年的民族记忆和文化。苗绣的纹样记录着苗家人对宇宙起源、自然万物和人类繁衍的认知，是苗族深层智慧的反映。纹样兼具文字、图案和族徽的功能，是苗人寻找族人和根系的线索，不能随意更改，也成为了人类探索远古文明的实物佐证和通道，具有文化、史料、美学、人类学和符号学价值，使苗绣远不同于四大名绣。

苗绣承载着苗家人对神灵和祖先的敬畏。苗家人相信，制作刺绣盛装的每一针每一线都是在神灵的注视和牵引下完成的，穿上一件带着虔诚的祈福之心精心绣制的苗绣盛装会有祖先灵魂附体，庇护保佑族人，而也只有在最隆重的节日里才可以披上盛装"神衣"。传统的苗家人刺绣如同禅修般庄重，有很多对于外界干扰的禁忌：孩子哭闹，动物鸣叫，夏天手上有汗水时都不能刺绣。正是这份注入刺绣中的神圣和笃信，使苗女世代追求刺绣技法上的极致和绣品的完美，因此一件刺绣盛装的制作过程耗时长达几年是再正常不过的事。

苗人的风格

在贵阳苗疆故事民族服饰博物馆馆长、苗绣收藏家和鉴赏家曾丽女士的贵州苗绣精品博物馆里，有一件堪称国宝级的重量级绣品，是来自贵州台江施洞，制作于清末年间的破线绣盛装嫁衣，制作耗时7~8年，其中的纹样和符号是苗家人对于生命起源及万物关系的描述。破线绣是苗绣工艺中的极品，华美精湛，技法细腻，耗时冗长。刺绣时要将一根普通丝线用手均分为8~16股，分好的细线随针穿过皂角叶，其汁液能使丝线变得平滑、亮泽、紧密，不易弄脏。破线绣佳品针脚细密、匀称、光滑，锁边整齐圆润，这样的一件精品市价超过10万元，"如果成套卖会更贵，80万元也不过分。"曾丽说。

中国精品 | 手感精神 | 苗绣

充满想象力的花纹。

跟许多传统手工工艺一样，作为传统农耕社会的产物，苗绣的生存空间也正在受到挤压。商品经济社会的到来使苗女们放下了农具和针线，来到城市里，在厂房里包装筷子，给牛仔裤染色，而创作苗绣时所需要的忘我的虔诚心境则更加难以得见了。

"传统苗绣是卖一件少一件了。"曾丽无奈而伤感地感叹。其实，苗绣的价值很早就已经受到学术界的注意。据曾丽介绍，英国大英博物馆从上世纪20年代就开始收藏苗绣，2000年他们对外公布的苗绣苗装数量是400套。不久前，一位贵州老板组织了一批纳雍县苗族妇女花了150天以十字绣技法绣制了一幅《清明上河图》，在香港拍卖，底价150万元。"用苗人去绣制汉图，这不是纯粹的苗绣，"曾丽说，"苗绣最大的特点是不写实，不以描绘现实生活具象为能事，它有苗人自有的文化体系，纹样的解读和鉴赏以及刺绣技法是决定苗绣价值的一个关键元素。"

被低估的价值

如今的苗绣市场上，具备收藏价值的绣品价格每年翻番，而在曾丽眼中"不具备收藏价值"的苗绣价格每年也能上涨10%~20%。但就算是这样，苗绣的人文研究价值、史料价值和艺术价值等无形资产价值却并没有被体现出来。

有着近40年苗绣研究、收藏经验的曾丽创立了"苗疆故事"品牌，包含博物馆和出版物，现

每一块苗绣都不同。

在正筹备苗绣研发工作室,进一步向苗绣高端产品拓展。"苗绣的低端开发已经被证明是失败的,旅游纪念品是没有收藏价值的。"这也是曾丽力求将文化和产品结合,打造高端苗绣产品体系的信念所在。"苗疆故事"品牌秉承的理念是"一个产品,一段故事",由苗学专家梳理出经典的苗疆故事,作为整个产品设计体系的文化核心,使每一款产品背后都有一个苗疆故事。

从作为文化学者到打造文化奢侈品牌,曾丽并不怯畏。对苗绣奢侈品的开发,离不开对苗绣文化的释放,"懂得它才能做好它"。对于公众长期以来对于苗族和苗绣的误解和轻视,曾丽解释道:"苗绣在其本身的社会体系里也是奢侈品,一套完整的绣衣制作下来,没有几年的工夫是做不完的,为自己的生命而绣的苗绣制作民俗基础,决定了苗绣的极致。苗绣无论从视觉、手工、耗时还是从文化内涵和社会功能来看,本身就具备奢侈品的特性。"只有把苗绣放在高端市场上,苗绣开发的路子才会和谐起来。人们不是需要消费一张简单的刺绣品,人类追求的是作为绣品背后的文化价值,那才是永恒的动力。

对于苗绣作为濒临失传的传统手工技艺的定位,已经有不少基金会将保护、传承苗绣纳入了公益计划中。今年,已经列入第一批国家级非物质文化遗产名录的苗绣正式开始申请世界非物质文化遗产。而曾丽和她的"苗疆故事"带给我们的启示是:与其将苗绣视为边缘弱势文化,不如发现其高端的特性,使之成为能被消费的奢侈品或收藏品,打造传统与现代、民族与时尚、手工与产品相结合的中国精品。

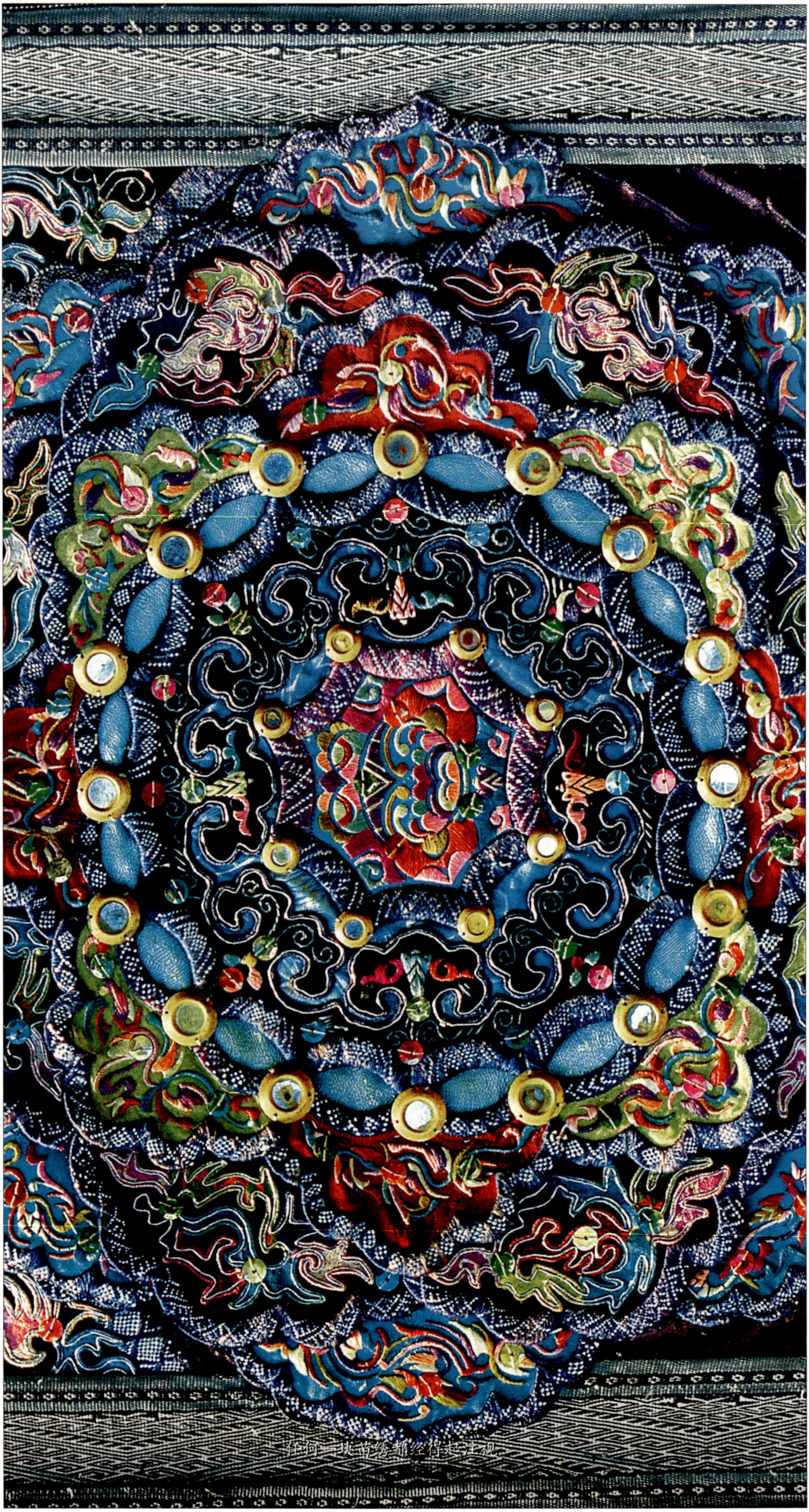

被称为民间艺术家的绣女们。

苗绣珍品特征

◇苗绣的纯粹性：苗绣题材是否纯粹，纹样与技法是否严格遵循传统。
◇品相：保存是否完好。
◇工艺：技法是否精良与绣制者制作时的心态有极大的关系，具有不可复制性。
◇年代：清末、民初，苗绣发展到了一个鼎盛时期，那个时代的精品苗绣具有相当的收藏价值。
◇材质：代表某个时期或某个族人支系的绣片会有特定的材质选择。
◇稀缺性：有些技法较罕见，如锡绣，制作的地区和族人数量也较少，这样的苗绣价值更高。

贵州苗绣博物馆让人们重新认识了苗绣。

中国精品 | 手感精神 | 大漆

虽然在西方语境中,瓷器被称作china(中国),漆器被称为japan(日本),大漆却是最早诞生于中国,直至今日仍领先于世界水平的中国传统工艺。

俞峥女士在制作大漆。

精美的大漆发簪。

大漆，太古遗音

文 / 左恩慈　图 / 俞峥 提供　插画 / 肖遥

低调的精品

毫无疑问，大漆是中国最早诞生的专属于贵族阶层使用的器物之一，其历史可上溯至新石器时代晚期。河姆渡时期的木胎朱红漆碗，部落首领以漆器数量衡量富有程度。汉代为第一个鼎盛时期，唐代出现"金银平脱"和"雕漆"，宋元出现"戗金"技法……天然漆树的材料稀有，工艺种类多样，传承极少，制作环境和辅料要求高，使得大漆材料本身就是奢侈品。

在日本，漆器艺术大师被奉为"人间国宝"，即使运用大漆创作的艺术家也能从企业和艺术基金会得到保护传统的经费支持，而中国的漆器艺术家多数处于自由创作的状态。目前北京剔红、山西剔犀、扬州螺钿镶嵌、厦门漆线雕、福州脱胎漆艺等，只要运用到大漆材料和工艺的（化学漆除外），都属于奢侈品的行列，与日本相比也居于领先水平。

为什么如此珍贵的工艺在日本声名赫赫，在中国却少有人知呢？"到目前为止，我制作一件大漆精品，最短一百天，最长为十年。" 在北京开设艺术工作室的漆器艺术家俞峥女士给出了答案。大漆脱胎漆器精品大致的制作过程是：设计、小稿制作（泥塑或苯板）、放大制作、翻模具（石膏或苯板）、裱布、刮灰（反复多遍）、脱胎、表面髹饰设计、髹漆完成……每道工序都要阴干、打磨，非常复杂。而作为艺术创作的漆画制作过程更为复杂，制作中少不了对大漆漆性的了解，顺应漆的自然漆性。因其天然性，漆的状态会随气温、干湿度而变化无穷，凭不断积累的经验才能琢磨到漆的随机变化。恰好地运用到漆的变化，在创作和制作中与漆交流，这样的作品，才算是上品。

中国精品 | 手感精神 | 大漆

当代大漆作品。

艺术的延伸

在日本、韩国也有大漆工艺传承,但都比较规矩,作品多为小盒、小器具。而中国的大漆工艺传承体现了多元艺术门类交织的特点。以中国院校教学来说,其传承表现形式有:架上绘画、立体雕塑等,艺术思维更加活跃。这不得不提创办于1956年的福州工艺美术学校,那里是中国的漆画学术摇篮。1984年,俞峥考入福州工艺美术学校装饰绘画专业(主修漆画),后进修于厦门工艺美院"全国漆画高研班",这使得她对大漆的学习,始终与创作密不可分。

俞峥对漆艺全身心投入,与学生一起住在工作室,无数个日夜与漆同眠。这期间她创作了漆画作品《漆语》,获全国金奖。在长期的创作中,俞峥认为要用漆的独特语言,将艺术发挥到极致,才是大漆艺术。艺术要在传统的工艺上寻求突破,而目前创新的争议集中在材料上,有人认为化学漆就是创新。俞峥老师认为只有用纯正材料和纯正工艺,表达其思想,才能称为纯正"漆艺"。《漆语》就是以全新设计理念,突出大漆的"红"与"黑",说明大漆无须描绘,漆本身的特有光泽、质感和多维表现技法,就能传导温润、内敛、震撼的无限魅力。

当代的大漆制作工艺,漆的色谱扩展了许多,原来只局限于红、黑、白、金、银等,现在矿物颜料广泛运用于大漆颜色的调配,色彩非常丰富。在技法上,艺术家可以根据自我的创作理念无限发挥。

"我希望这门手工艺术的传承,能得到政府真正的重视,立项投资,使其恢复产业链。并结合高等艺术教育,提升产品设计理念和艺术品位,创造出中国自己的奢侈品牌。"正因如此,俞峥的工作室常常接一些来自日本和欧洲的收藏订单,屏风、扇骨、手镯,甚至古琴,意在渗透高端生活,拓宽国人的艺术鉴赏力和消费水准,回归祖先的大漆文化传承。

俞峥在北京的大漆工作室作漆画。

中国精品 | 手感精神 | 大漆

大漆手镯也是很昂贵的饰品。

漆画《老福州》。

中国精品 | 手感精神 | 建窑

孙建兴先生制作建盏。

南平星辰天目陶瓷研究所坐落在福建南平城东边的一条安静的深巷里。在过去20年中，一种在中国失传800年的古老工艺在这里得以恢复，这就是被称为"无上神品"的曜变斑建盏。

建窑天目，复兴之路

文 / 吴桑中　图 / 黄劲松 提供　插画 / 肖遥

东邻的线索

恢复建盏技艺的人是61岁的孙建兴，南平星辰天目陶瓷研究所的艺术总监，国家级非物质文化遗产项目省级代表性传承人。他与陶瓷打了近40年的交道，毕生的精力都用在恢复建盏工艺之中。

1979年，孙建兴27岁，是德化红旗瓷厂配方试制组的技术员。这一年，他被借调到福建省轻工业研究所，加入中央工艺美术学院、福建省轻工业研究所共同组成的建窑宋瓷建盏兔毫釉的恢复科研小组。

建盏兔毫盏，孙建兴并不陌生。南平古称建州，在福建省北部，武夷山下，当水陆之汇，扼八闽咽喉。这里曾经兴盛过宋代名窑之一的建窑，以烧黑釉瓷闻名于世。在风雅繁盛的宋代，建窑瓷器是文人雅士品茶的上品。北宋大观元年（1107年），宋徽宗赵佶写成一篇《大观茶论》，在对茶盏的论述中说："盏色贵青黑，玉毫条达者为上，取其燠发茶采色也。"

茶论中所谓"色贵青黑，玉毫条达"，指的就是建窑兔毫盏。在黑色釉中，均匀细密的筋脉纷纭而出，纤柔如兔子的毫毛。茶的审美讲究"正、清、和、雅"，重于深远脱俗、耐人寻味的意境。而建盏的黑色中透射出各种各样虹彩、金、银、蓝等光芒，若隐若现，那种自然、脱俗、静谧、枯槁、简素、幽玄的质感充满禅宗美学精神，因而极被珍重。

收藏家收藏的当代建窑作品。

中国精品 | 手感精神 | 建窑

每一盏都有不同的光影和美。

然而到了孙建兴27岁那一年，兔毫盏早已失传，只剩下前人赞叹不已的文字记载。史载，建窑瓷器始于晚唐，盛于宋，而衰于元，至明代，建窑停烧，工艺失传。日本僧侣在镰仓时代（12世纪末到14世纪）带回建窑茶碗，因为从天目山带回，故称为"天目"，建盏的烧制技术也在日本得以保存。

而同时，国外已经有了对建盏的仿制和恢复研究。1954年，美国纽约州陶瓷学院阿尔弗雷德（AIFRED）烧制了外观有斑点扩印黑釉碗。到上世纪70年代，日本陶瓷艺术家安藤坚先生烧成了与宋代建盏曜变天目茶碗十分相似的茶碗，内壁里釉面上分布点滴状的曜变斑聚体，是通过二次施釉烧成的，后来，安藤坚把这次仿曜变送给了建盏的故乡福建。

中国的工艺研究者不得不向东邻寻求恢复建窑瓷器的线索。"古代建盏胎采用矿物原料，有莫来石、石英、方石英以及铁的氧化物，胎土的配方是含三氧化二铝较高的红土、更为耐火的红土与另一种可塑性较大的泥合成。陶土的含铁量较高，具备制成黑釉的良好基础。在窑炉烧制过程中，能够把胎体中含有铁质的成分融入釉中而带至釉面。"

"建盏釉是古代石灰釉类型，酸性较多，黏性强，易厚挂，色调深沉，从铁的成分比例观察，兔毫釉大体是由褐色的玻璃构成的，在毛盘的表面或背面稍微向下密集排列着许多不透明的褐色小球，但器口沿的褐色之处并没有褐色小球，而是由褐色小针状的三氧化二铁结晶组成。在陶瓷工艺学上此类釉又被称为分相——析晶釉。"对建盏深有研究的收藏家黄劲松说。在经历了几百次配方的失败之后，1980年，孙建兴和他的同事们终于试制成功建盏兔毫釉，并在第二年公布了仿宋兔毫盏的样品。

千万分之一

兔毫釉只是建窑瓷器的一种。"建盏作品的釉色斑纹是人工无法控制的，每一件作品的斑纹都是自然天成、独一无二的，具有不可复制性。"孙建兴说。

建盏的原料是当地一种含铁量比较高的瓷土矿，经过龙窑柴烧的还原工艺，高温液相分离产生的艺术釉，呈现出海市蜃楼般的色彩和斑纹。油滴、虹彩、鹧鸪斑、异毫、毫变、曜变，这些都是建盏中的珍品。

鹧鸪斑和兔毫都是建窑精品。

烧制这轻巧的碗盏，孙建兴花了一辈子时间。

16世纪前期，日本室町幕府时代，日本人能阿弥、相阿弥撰写了一部将军府藏中国文物的索引记录，名为《君台观左右帐记》。这部极具美术史价值的著作中记载："曜变斑建盏乃无上神品，值万匹绢；油滴斑建盏是第二重宝，值五千匹绢；兔毫盏值三千匹绢。"

曜变斑，在黑釉中浮现出圆环状斑点，阳光之下，这些斑点会呈现出七彩的光晕。油滴斑，宋代称为鹧鸪斑，釉面斑点状花纹如同水面漂浮的油花，又如建州山中鹧鸪鸟身上的黑色白花的斑纹。

尽管在化学组成上，鹧鸪斑釉、毫变釉或者曜变斑釉与兔毫釉几乎完全一样，但是在烧制过程中，木材的堆积，釉质与炭的接触以及高温下釉色的瞬间变化，造成了千变万化的色彩与斑纹，而且不可复制。

在宋代，为了得到黑釉兔毫盏，烧制的几百万件建盏中，外观完美且花纹优美的不过几百件，而更珍贵的曜变天目茶碗、异毫盏、虹彩鹧鸪斑，是在几千万件作品中才能偶然得到的。在大量的刻有"供御"、"进盏"底款的茶碗残片里，根本找不到以上三个品种，只有在满山遍野古窑址堆积的古瓷片中，才能偶然找到一些没有底款的残片。这说明宋代的窑工根本无法人工控制并重现它们的烧制技艺，一切都是自然造化的偶然恩赐。

孙建兴决心探究和恢复这些古老的技艺，他首先把目标对准了油滴釉。经过两年的研究，他和妻子运用在建阳建窑的实验，帮助南平陶瓷厂仿制出了油滴盏。在接下来的几年时间里，他在油滴盏上继续钻研，成功烧制了白点、黑点、银点、金点、黄点，还有最为名贵的虹彩鹧鸪斑。他和岳父在1991年创办了福建南平星辰天目陶瓷研究所，全身心地投入到建盏的研究中。此后近20年里，在经历了无数次失败之后，"曜变斑"终于从孙建兴手中重现。

从1979年到今天，孙建兴与建盏盘桓了34年。他掌握了已经在中国失传数百年的建盏烧制技艺，从普通的"黑釉"、"兔毫"、"白点鹧鸪斑"、"黑点鹧鸪斑"和"青天目"，到极其珍贵的"虹彩鹧鸪斑"、"曜变斑"。

在孙建兴看来，虽然今天的技术能够让那些偶然天成的珍品更容易制造出来，成功几率大大提高，但是对建窑依然必须保持虔诚。"从矿物原料的采集开始，配制、拉坯成型和使用木柴还原焰烧制，这些关键的技术和长期积累的经验是必要条件，而在制作烧制一件作品的过程中，必须具备扎实的科技、历史文化知识、艺术修养、精神境界才能偶然得到上天赐予的优秀作品。"孙建兴说。

收藏家黄劲松则认为，今天的建盏，大陆的专家们更注重传承，更多追求形似。而日本、中国台湾的专家们则认为，当今的技术及窑烧器具早已超越古人，所以在作品的表达上，传承之后应该有所创新。他们更注重神的传达，在传承的基础上，也注重自己的创作思维。

但是即便在陶瓷窑烧技术非常成熟的当下，由于陶胎与釉受温的不同，作品的成品率也非常受限，所以，无论是中国内地、中国台湾地区或日本专家的作品，都是相当珍稀的。

美好生活

感，美好生活

名，公器也。生活者，无外乎衣、食、住、行、玩而已。精者，精致、精美、精彩、精通、精诚、精思、精神。品者，品种、品鉴、品位、品质、品行、品德、品性、品格、品质，也是抽象的观念。精品生活是由器而道的好生活，也就是以形而上落实到形而下的理想生活。

衣
yi

冕服华章曰华，大国曰夏。——《尚书正义》

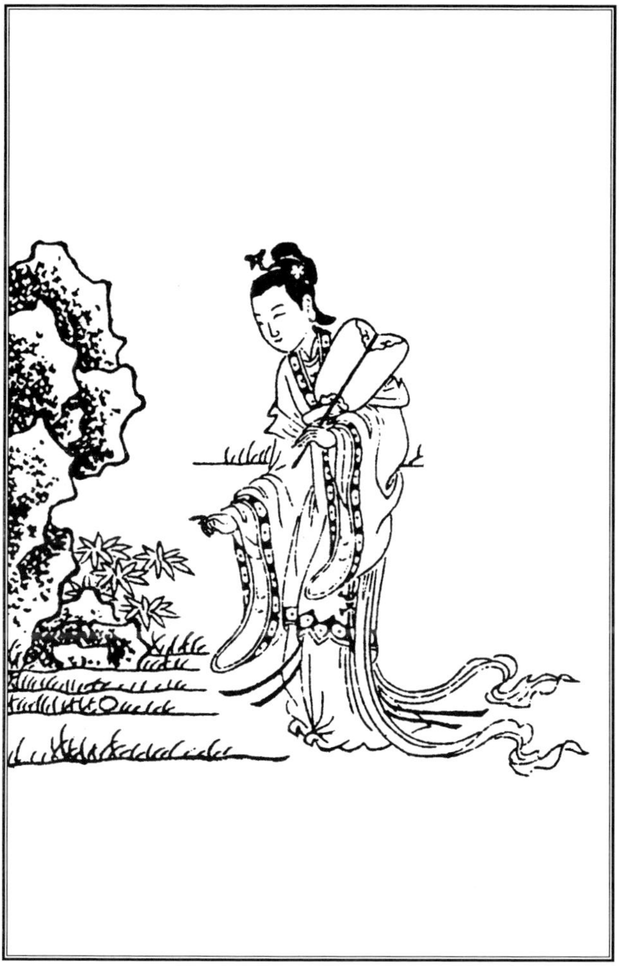

"1436"品牌是由鄂尔多斯集团下的深圳鄂尔多斯创展服装有限公司推出的。世界极品羊绒的规格是，平均细度在14.5微米以下，长度达36毫米以上，1436品牌以此命名，体现了极品羊绒的等级。细而长的山羊绒纤维是十分珍贵的，1436精选的山羊绒，均采自生于头年2月至次年4月的周岁鄂尔多斯白山羊的肩部和体侧，极其珍贵稀有。

鄂尔多斯1436，优质羊绒的未来

文 / 小峰

羊绒产业的新高

1981年，伊克昭盟羊绒衫厂正式投产，结束了我国只出口原绒和羊绒初加工的历史，产品一炮打响。1989年，伊克昭盟羊绒衫厂更名为鄂尔多斯羊绒衫厂。

鄂尔多斯集团是由原伊克昭盟羊绒衫厂发展壮大起来，经过二十多年的发展，集团羊绒制品的产销能力已经占到中国的40%和世界的30%，其市场占有率、出口创汇、销售收入连年稳居绒纺行业第一名。鄂尔多斯集团目前拥有总资产183亿元，成员企业115家，员工24000多人。

依托强势品牌资源，鄂尔多斯1436品牌由集团下的深圳鄂尔多斯创展服装有限公司推出。1436精选白中白无毛山羊绒，推出1436极品羊绒衫、围巾、披肩类产品。1436品牌同时包括其他高级材料制品，顶级皮衣皮草、华贵真丝、珍贵精纺等产品。自从在北京金融街购物中心开设首家自营店至今，1436已在北京、上海等全国多个一、二线城市核心商业区的地标性高端商场中开设了十多家专卖店。

优质材质的未来

1436品牌的产生，与国人对优质品牌的热爱和消费需求增多密切相关。该品牌将服务群体明确定位在35岁上下，中国新兴的有财富、有文化、有修养的消费阶层。品牌以自己优势的羊绒制品为起点，同时开发其他高级材质的服装产品，品牌调性清晰，服务受众明确。品牌从各种细节打造一种品质生活的象征，立足自身的品牌优势和本土的消费需求，其潜力是巨大的。

尽管国际上都知道中国是最大、最好的羊绒产地，很多国际一线品牌的羊绒服装原料都来源于中国，但中国的羊绒却是有市无价，上演着"黄金卖不出黄金价"的悲剧，中国品牌占领的只有低端市场。鄂尔多斯力图打造一个立足于世界的高端品牌，让中国羊绒的品牌价值增大。2008年，1436产品曾跟随胡主席出访日本，送给日本天皇夫妇的礼物就是1436的羊绒浴衣，送给大臣的则是毛毯或者披肩。品牌以高档、高端的姿态走出国门，打破了一直以来中国羊绒给人的低廉印象，是将民族高端品牌推向世界的重要尝试。

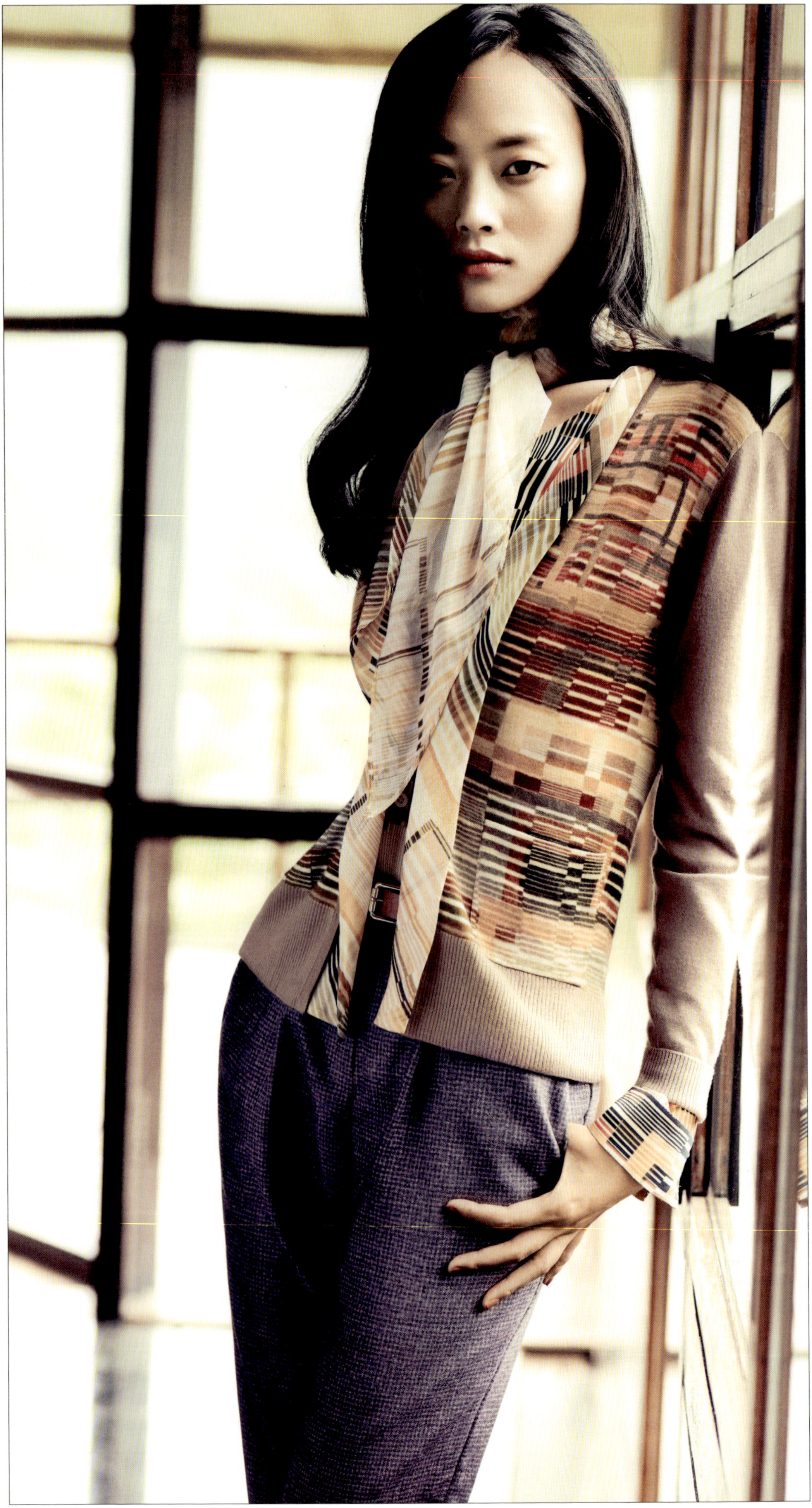

1436全新形象广告。

www.1436erdos.com

在中国部分门店地点

北京　北京西城区金城坊街2号金融街购物中心L225
首都国际机场T3航站楼

上海　上海浦东新区浦东南路1138号上海湾广场1楼

杭州　杭州大厦C座一楼国际精品区

NE·TIGER 富有东方风格的礼服系列。

NE·TIGER东北虎，中西合璧路在何方

文 / 小春

NE·TIGER东北虎始创于1992年，张志峰是品牌创始人及艺术总监。早期以皮草的设计和生产为起点，迅速奠定了在中国皮草行业中的领军地位。后来相继推出了晚礼服、婚礼服和中式婚礼服等系列产品。2007年开始，推出高级定制"华服"。"华服"即是"华夏礼服"，NE·TIGER力图打造属于中国人的"国服"。

从皮草到华服

1992年，东北虎品牌正式创立，不仅引领了当时中国皮衣的流行，并迅速发展成为中国本土的奢侈品品牌。1998年，东北虎皮草旗舰店的经营面积扩大至1200多平方米，成为亚洲规模最大的皮草专卖店。2000年，东北虎皮草进驻北京，并在北京赛特大厦设立了国内首家皮草俱乐部。

2001年，张志峰推出自有高端品牌"NE·TIGER"，并正式将总部设立在北京。2003年，推出"名媛"高级晚礼服系列——中国第一个高级定制晚礼服系列，开创中国晚装元年。

2005年，NE·TIGER以"爱"为名，推出了品牌的第一个高级婚礼服系列，并率先在国内倡导将婚礼服作为爱的永恒纪念。2006年，NE·TIGER推出了第一个高级定制中式婚礼服"凤"系列，结束了中国没有自主品牌高级定制婚礼服的历史。同年，在"芭莎慈善夜"上捐出了一件"凤衣"，拍出了166666元的全场最高价。

随处可见的东方元素。

2007年，张志峰又推出代表了华夏民族精神的国服——"锦绣国色华夏礼服"高级定制华服系列，并为丹麦王妃定制华服。日本有和服，韩国有韩服，但中国并没有自己的国服和礼服作为身份识别符号，NE·TIGER以"华服"试图打造中国的"国服"。采用中国皇家御用贡品——云锦，辅以中国传统的四大名绣，选取了"黑、红、蓝、绿、黄"五种"国色"，进行创新与演绎。自此，张志峰一直不断推出高级定制的华服系列。

中西合璧的尴尬

从东北虎到NE·TIGER，从皮草到高级定制礼服，这不仅是一个品牌名称的改变。NE·TIGER显现出了一个品牌从中国本土的奢侈品向国际接轨的野心。中国人如何以自己的高级定制礼服，在国际舞台上占有一席之地，这也是无数设计师思考的问题。NE·TIGER以五千年的中华传统文化为切入点，颇有整体战略眼光。

但是中国传统礼服与西方礼服如何相互借鉴，如何中西合璧，却是一个难题。

NE·TIGER品牌屡屡选用云锦、四大名绣、缂丝、湖丝等中国传统材质和纹样，但礼服式样大多以西式礼服为蓝本，其结果就是不中不西不西的"中国风"礼服。"中国风"礼服在国外的红地毯上屡屡成为中国明星的选择，既有惊叹赞美，也有争议诟病。"中国风"礼服和"华服"成为了专门给外国人看的中国，成为了外国人眼中的中国，却不是中国人眼中的中国。其结果是NE·TIGER中国式礼服高级定制系列的第一个商业订单不是来自中国，而是来自欧洲古老贵族的后裔。究竟是谁在穿"华服"？丹麦王妃、欧洲贵族，还是真正的中国人？什么场合能穿"华服"？是在给外国人看的场合，还是真的融入中国人的社交生活之中？NE·TIGER的设计理念将决定他们未来的方向。

www.ne-tiger.com
在中国部分门店地点
哈尔滨店：哈尔滨中央大街73号
北京形象店：东方新天地首层AA31-AA33
北京乐天银泰店：乐天银泰百货二层2F-215A
北京翠微广场店：海淀区复兴路23号翠微广场二层209A-210
上海店：上海卢湾区淮海中路222号力宝广场商场203-204

| 中国精品 | 美好生活 | 衣－上海滩

上海滩的服装设计带有浓厚的上海味。

上海滩，上海风格的速度与掣肘

文 / 小春

邓永锵(David Tang)于1994年在香港设立第一家上海滩门市。当年上海裁缝老师傅保有优良的手艺，打响了邓永锵的定制服装店上海滩的名号。香港门市开幕的第一年，即吸引上百万人造访。1996年，邓永锵跨足成衣服饰界，第二年即把多数股权卖给瑞士专营奢侈品的历峰集团。

上海速度

2001年，公司新任执行主席雷富逸(Raphael le Masne de Chermont)聘请黄明翠(Joanne Ooi)担任创意总监，两人携手改造品牌形象和设计，在塑造品牌新形象的同时，也保存原先的理念。他们先把重心摆在女性成衣服饰，经过多次尝试，决定每一次服装展都要搭配一个中国相关主题。2007年，公司成立了以"帮助男士摆脱领带束缚"为宗旨的"尊领会"。该会精心挑选各行各业的杰出领袖作为"MCA大使"，不但限定名额，也都是业界翘楚。

上海滩在美国拉斯维加斯的恺撒皇宫(Caesar's Palace)设有门市，并于2008年12月在马德里设立西班牙的第一家门市。截止到2010年，上海滩在全球设立50个销售据点。

虽然上海滩的香港旗舰店成功吸引观光客，却也蒙受其害，因为中国人认定该门市主要是迎合外国观光客的。

中国精品 | 美好生活 | 衣－上海滩

上海滩的形象广告。

上海滩把"中国制造"的产品卖给中国消费者,但中国人却偏爱阿玛尼或登喜路等欧美奢侈品品牌。公司虽然了解中国大陆仍然偏爱西方风格的流行时尚,但无意更改品牌路线以迎合中国人口味。希望借由以推动中式时尚为宗旨的尊领会,打动中国消费者,以确保上海滩未来的成功。

上海风格的未来

上海滩在内地的价格比香港贵25％。在中国人眼中,这些高价产品的销售对象是国外观光客,而不是本地人。上海滩的门市都坐落在五星级饭店、观光区和机场免税店,更造成上海滩是以外国消费者为主的根深蒂固的印象。

不过,上海滩对于具国际观的中国人和华侨仍然具有吸引力,这群人希望借由融合中西文化的流行时尚,传达自己的出身、身份和价值观。上海滩的当务之急是确定品牌现有和应有的定位。

公司执行主席雷富逸忧心上海滩被中国消费者看成"外国人的品牌",但我们不免纳闷,为什么2009年34家独立门市中,有8家位在国际机场的免税商店,而且广州和台北只设在机场,市区却完全没有设立门市。成立上海滩咖啡连锁店,是新鲜的点子,但是,目标客群在哪里?公司是着眼于观光客市场,或是要培养当地的客群?

据历峰集团2008年年报,其营业额约在5500万美元左右,至少达到损益两平。那么,究竟应该投资设立咖啡连锁店,或是发展新产品和门市?上海滩初期曾经尝试拓展美国和英国市场,现在的重心则移转到亚洲和迪拜。亚洲以外的发展,应该优先考虑美国市场还是欧洲?或是齐头并进?简言之,上海滩面临最重要的课题是:应该销售哪种产品,销售对象是谁以及销售地点和销售环境。

---

www.shanghaitang.com
上海滩现在在中国的11家门市地点
北京
北京首都国际机场2号航站楼,12号登机门
北京首都国际机场3号航站楼
北京市东长安街1号,东方君悦大酒店
北京市朝阳区建国路甲83号华贸中心丽思卡尔顿酒店大堂l&2铺
北京市朝阳区建国门外大街2号,北京银泰中心
上海
上海市卢湾区茂名南路59号锦江饭店
上海市卢湾区太仓路181弄新天地北里15号
上海市浦东新区富城路33号香格里拉大酒店大堂
上海浦东国际机场2号航站楼B1区域
广州
广州新白云国际机场国际厅
杭州
杭州市湖滨路28号凯悦酒店

中国精品 | 美好生活 | 衣－玫瑰坊

郭培的服饰是带有精致工艺的当代艺术品。

玫瑰坊，天生雍容

文 / 甘填

郭培的玫瑰坊坐落在北五环开外，但是每天来拜访的人依然络绎不绝——这里是中国服装高级定制的启蒙之地，也是很多女性梦寐以求的地方。

1997年郭培开始在属于自己的艺术殿堂里构筑起真正的高级时装定制王国，创立"玫瑰坊"。将品牌命名为玫瑰坊，缘于某一天郭培无意中看到了一朵干枯的玫瑰。玫瑰在古罗马被视为君王威仪的象征，而充满情调的设计坊则带给了她更多的憧憬，以玫瑰命名，正因为人们爱她的骄傲，爱她浓郁的花香。于是"玫瑰坊"便成为了郭培编织高级定制梦想的摇篮。

玫瑰坊刚开始的高级定制是给春晚的主持人和表演者设计衣服，这可能就是中国高级定制的雏形了。但是，对郭培来说，自始至终她都认为，她为奥运会做的设计、为春晚做的衣服，还有各种明星红地毯的穿着，都不是她自己的作品。"原因是我会受到这样那样的限制，比如说为苗族歌曲设计演出服就要配合少数民族的元素，当我听着那些曲子，一早就忘记我自己了。"郭培说，"只有发布会上的才是我的作品。"

真正对高级定制梦想的追求，一切都始于郭培毕业的那年。早在准备毕业设计时，郭培就有了制作大裙子的念头。她当时的想法是做一条婚纱，但至于怎么把裙摆撑起来，怎么把裙子做大，上了四年服装专业课的郭培一无所知。"我问老师，老师说他也不知道，让我去人艺，看话剧团的演出服是怎么做的。"郭培果真去了人艺考察，在那里她看到了很古老的做法：裙撑由1厘米宽的竹条制成，竹子裙撑外面包裹着棉布做的另一层裙撑，最外面才是真正的裙子。她突然有了一些领悟。结果，郭培缝制出了一条在全班26人的作品中最大的裙子，这也是她职业生涯的第一条大裙子。

大裙子则成了郭培的玫瑰坊高级定制的代名词。2005年，郭培举办了第一场真正意义上的高级时装秀，那一年压轴的是"大金"礼服。 2008年，她推出了"童梦奇缘"系列，婚纱拖到10米长，可郭培还是不满意。"我想塑造一位皇后，但我做出来的都是童话里的仙子和公主，这大概和我当时怀着二女儿有关。在我看来，全世界最美的女人只有皇后，我想做那样一个女人。"这才有了之后的"一千零二夜"发布会上传奇模特Carmendell'Orfice穿的那身皇袍。

郭培的玫瑰坊，在中国服装的高级定制领域里面，正如玫瑰花一般，盛放在时尚的最前沿。

郭培心中的中国新娘形象。

郭培的中式礼服设计

www.rosestudio.com.cn
地址：玫瑰坊展示中心
北京市酒仙桥北路798艺术区东侧设计师广场

中国精品 | 美好生活 | 衣-例外

画如其人，文如其人。例外最崇尚的设计师是大自然。

76

例外，中国衣装的国际立场

文 / 提默

"例外"在国际舞台的亮相，更像是一个意外。谁也没想到彭丽媛第一次随国家主席习近平出访会选择来自广州的国产品牌。"例外"公司由毛继鸿和马可于1996年创立，是中国第一个设计师品牌，公司除"例外"之外，2006年还由马可创立了"无用"品牌。前者是成衣系列，"无用"则是纯手工的高级定制系列。"例外"力图为自信、自然、优雅、大方的现代女性打造专属于自己的服装品牌。

从街边小店到专卖店

"例外"品牌创立于1996年，是中国现存时间最长的设计师品牌。21岁时，马可被分配至广州一家小型服装公司，23岁即以"秦俑"系列设计获得第二届兄弟杯大赛金奖。

1996年马可在广州与毛继鸿合伙创立了广州状态服饰有限公司，毕业于北京服装学院的毛继鸿负责市场、营销，毕业于苏州丝绸工学院工艺美术系的马可负责设计。很快他们推出了具有时尚感的设计师品牌"例外 EXCEPTION de MIXMIND"，从此开启了设计师品牌在中国的先河。

1996年11月25日，"例外"的艺术总监马可，将她设计的第一季"例外"秋冬女装，带到广州农林下路上的一家服装店售卖。10年时间，毛继鸿和马可将他们的心血之作——"例外"从一家不到七十平方的小屋带到了全国30多个地区90家门店进行售卖。

"例外"风格

服装品牌成熟度的评判标准之一，就是产品风格的稳定性。而要避免风格的摇摆不定，必须要有一套稳健、成熟的设计理念以及娴熟、巧妙的设计技巧。

"本源、自由、纯净"是"例外"设计理念方面的诉求，在用色用料方面，"例外"是以棉、麻为主导，通过白、本白、米白、浅咖、熟褐、冷灰以及藕紫来表达"纯净"。整体廓形注重穿着状态，旨在通过双肩的支撑，根据人体形态的变化以达到垂顺或者堆积的效果。局部设计以点见面，在装饰纹样方面表现内敛。

这样的设计风格表明了"例外"适合的正是这样的一种女性，如品牌介绍上所说，知性而向往心灵自由，独立并且热爱生活，对艺术、文学、思潮保持开放的胸襟，从容面对自己、面对世界，懂得享受生活带给她的一切并游刃自如。

---

www.mixmind.com.cn
在中国部分门店地点
北京市建国门外大街1号国贸中心商场
北京市朝阳区建国路87号华贸中心新光天地三层D3010号
上海市静安区南京西路1168号中信泰富广场3层302
上海市静安区南京西路1618号九佰城市广场久光百货3层
广州市天河区天河路383号太古汇负一层MU35分所
广州市农林下路79号例外专卖店
杭州市武林广场21号A座3层例外专柜
杭州市江干区四季青街道富春路701号杭州万象城3层
武汉市洪山区珞瑜路6号群光广场3层
武汉市汉口区解放大道634号武汉新世界中心2层

用 yong

用,万物各得其所者,道之用也,一本之所以万殊也。《论语集注》

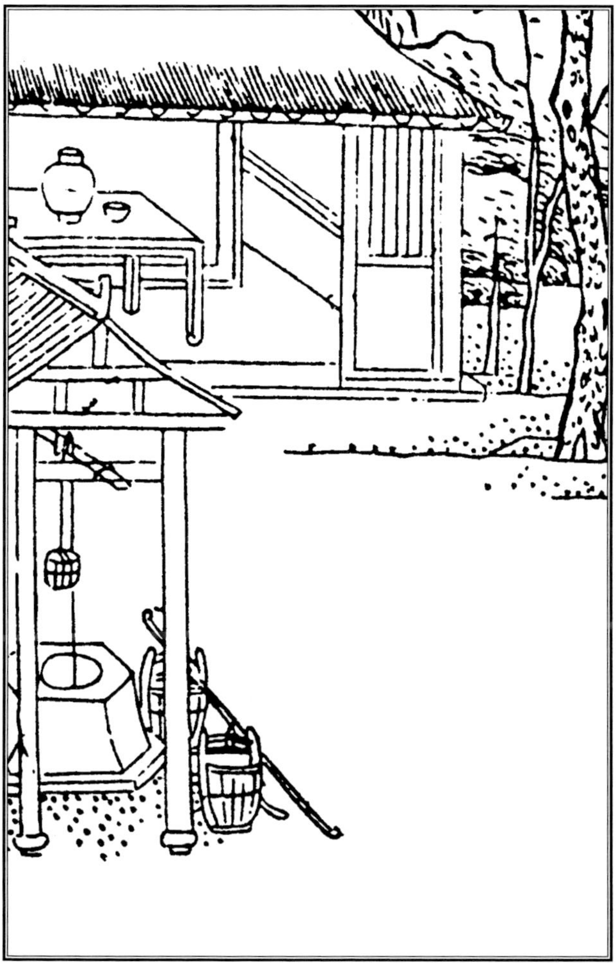

| 中国精品 | 美好生活 | 用—I DO |

香榭之吻戒指。

2009年12月真爱·双成记Efva签约发布会。

I Do，为了长久的承诺

文 / 薛颖杰　图 / 品牌 提供

2006年，恒信创立了一个婚戒品牌——I Do。数字显示，婚庆消费占珠宝消费总额的76%左右，而我国每年有近1000万对新人喜结良缘，因结婚产生的消费高达2500亿元。中国有76%的人是因为结婚而购买钻石，I Do 就将定位瞄准了这个市场。

"无论疾病与健康，贫穷与富有，你都始终愿意不离不弃伴他（她）终生吗？"在西方婚礼中，新人们在教堂里结婚，牧师会向新人提出这个问题，当对方说出"Yes, I Do"时，就表示许下了一生的诺言。I Do这个品牌的诞生就来源于此，它象征着婚姻的长久永恒，也代表了即将走入婚姻的人们对未来美好生活的憧憬。I Do正是传递美好生活的珠宝品牌。

情感的表达

随着I Do的成功，其品牌对情感文化的传达也逐渐深入人心。真正有力量的情感并不仅仅存在于婚姻中，世界上有很多珍贵的情感都值得珍惜，比如亲情、友情。爱是人类最珍贵的情感，I Do就是珍贵情感的代言，它是有关于"真爱"的信仰。它不仅仅是钻石，更是同生命一样长久的承诺。从2011年开始，I Do转型成一个铭记所有珍贵情感的珠宝品牌。在欧洲珠宝设计师领衔设计下，产品渗透了爱和幸福的深刻感悟，将自身对于爱和幸福的深刻感悟渗透于作品中，使其完美表达人与人之间珍贵的情感。

任何品牌无论历史多么悠久，资本多么雄厚，都要面临老化的考验。如果不能跟上新一代消费者的口味，就势必会被淘汰。这是一个残酷的事实，但也正是这样的市场规律，给了新生代品牌一个机会，给了I Do一个机会。"品牌的发展及改变就是随着消费者的需求而变化。从年轻人身上找机会，秉着10年、20年后的影响来考虑。"这是恒信集团董事长李厚霖对品牌变化的解释。

香榭之吻发布会。

真爱加冕发布会。

国际知名珠宝品牌Tournaire落户恒信。

打造民族精品任重道远

作为一个成功的民族品牌创始人，李厚霖对于打造中国精品有着自己的理解。在他看来，成就一个民族精品品牌，至少应具备3个基本要素：第一，文化精粹的传承；第二，精工主义精神；第三，创造精品的人才。消费者现阶段仍然会优先选择西方精品，原因就在于西方精品长达百年累积起来的良好品牌形象已经获得消费者潜意识的认知。因此，只有引领消费趋势才能成功突围。中国新兴品牌相比西方品牌更了解中国消费者，"以己之长，攻彼之短；西学为体，中学为用"是中国精品品牌突围的重要方式。只有找到并利用好自己的优势，坚持精品制作所需要的精工主义精神，着力批量培养这方面的精英人才，当代中国就可能产生具有世界影响力的民族精品品牌。

I Do就在这方面做出了成功的尝试。2010年7月，I Do推出"真爱加冕"系列对戒，刚一问世，就有许多的仿制品出来，甚至连名字都一模一样。"一个品牌没有自己的核心理念，只是机械地去跟风模仿别人作品，也只能做到形似而神不似，他们永远只是跟在我们的后面，不可能超越I Do。"李厚霖说。为了更好地吸引年轻世代的眼光，I Do格外重视产品的设计环节。欧洲时尚界的传奇人物Efva Attling，著名珠宝设计师Antonio Missiaggia、Meira Tugendhaf都与I Do有良好的合作。2011年，I Do再次与国际珠宝设计大师Philippe Tournaire合作，推出概念产品"香榭之吻"，考虑到为使建筑艺术风格的珠宝与巴黎建筑能够更为国人所接受，Philippe Tournaire选择了最富有代表性、在中国辨识度最高的埃菲尔铁塔作为"香榭之吻"系列首饰的设计元素。Philippe坚持认为，原始、陈旧、有历史内涵或者有不为人知的隐秘故事的珠宝最吸引人，而"香榭之吻"背后关于埃菲尔先生与妻子的爱情故事，正是这个珠宝设计的初衷。中国珠宝市场上私人定制服务的兴起，标志着行业由大规模生产向品牌化方向发展，而突出个性和设计是打造品牌内涵、文化的重要途径。

I Do,www.hiersun-ido.com

Qeelin以熊猫为设计概念的BoBo系列。

Qeelin，中西合璧的传奇

文 / 闫希　图 / 品牌 提供

东方文化热度的持续升级为各大品牌的新设计提供了灵感来源，擅长融合中西方文化的Qeelin，更是以崭新的手法演绎中国艺术美学，力求打造东方文化与法国工艺完美结合的臻品。

1997年，陈瑞麟先生到丝绸之路旅游，敦煌石窟数之不尽、漂亮至极的壁画和雕像使他一见倾心。而这些精致的艺术和手工艺作品，只属于中华五千年文化遗产的一小部分，这令他生出了一个想法，希望能够以现代化的手法，将中国最好的事物介绍给全世界，Qeelin正是因此而诞生。

秉持这一理念，在陈瑞麟先生的设计中，中国传统元素和神话故事扮演着重要角色。2006年，以熊猫为设计概念的BoBo系列，出生于春天的巴黎，东西方文化的结合使熊猫被赋予了和平友善的寓意。在设计上，陈瑞麟先生使用了白金与黑金并以黑色及原色钻石加以点缀，将熊猫憨态可掬的模样模拟得栩栩如生。

在真爱之作QinQin系列的设计时，陈瑞麟先生选用了在东方文化中表达幸运、富裕含义的金鱼作为主角，更暗含爱情"如鱼得水"。用白金或玫瑰金打造，钻石、红蓝宝石作为点缀的金鱼雍容华贵，婀娜多姿，平添了神秘与性感的风情。有趣的是，在创作过程中，陈先生采用了一项极富创意的技术，该系列中，每个钻石金鱼的唇部都镶有微型磁石，当遇到"真爱"的另一条钻石金鱼靠近时便会自然"亲亲"，如不是"真爱"就会极力弹开，更显爱情珍贵，洋溢着无限浪漫与激情。

同样体现爱情永恒的珠宝力作还有TienDi系列，TienDi即天地，暗喻只有天地间的永恒宽阔才可以容纳爱情的浓墨重彩的绵延。它所采用的图案，也是圆形内的正方形抑或正方形内的

| 中国精品 | 美好生活 | 用 - Qeelin |

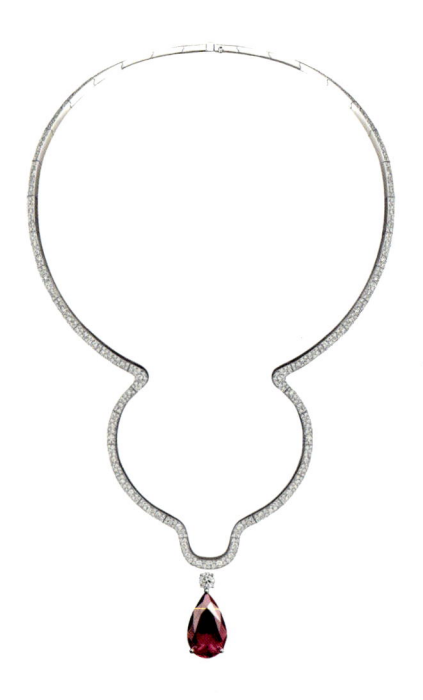

Wulu高级定制系列项圈。

BaoPing系列设计灵感来源于中国传统的古代花瓶为造型，在瓶内藏着一个由缤纷宝石组成的万花筒。

YU YI系列的命名正是来源于"如意"的发音，简单的音符承载着万事如意的深厚期盼。

圆形。陈瑞麟先生认为，天圆地方一说早已在中国流传了千年，具有传统的中国色彩，更含有吉祥之意，象征着恋人之间亘古不变的情意。该系列以最富东方色彩的宝石——玉打造而成。陈先生相信，这种富有灵性的宝石能够保护佩戴者，并赋予其好运与幸福。

长命锁这一物品在中国古代十分常见，无论男女都会佩戴。一个简单的器物上面凝聚平安与保护寓意，而它的形状也与如意草相似，YUYI系列的命名正是来源于"如意"的发音，简单的音符承载着万事如意的深厚期盼。该系列体现了Qeelin精湛的珠宝制作工艺。传统长命锁的结构极为复杂，而且开锁手法亦十分讲究，创作这一系列的作品对结构工艺的要求近乎苛刻。陈瑞麟先生与工匠花费了一年多的时间，才将这一设计以法国手工珠宝制作工艺重现。

2012年，Qeelin更是全新推出BaoPing系列，该系列以其美妙的构思和巧夺天工的设计，再次为Qeelin翻开了崭新的一页。它的设计灵感来源于中国传统的古代花瓶造型，象征着平安吉祥，宁静和谐，更有聚宝平安的寓意，饰品整体线条简洁流畅，设计师又独具匠心地在瓶内藏着一个由缤纷宝石组成的万花筒。意在利用光线的反射加上彩色宝石的搭配，营造出耀眼生辉的视觉效果。

Qeelin, www.qeelin.com

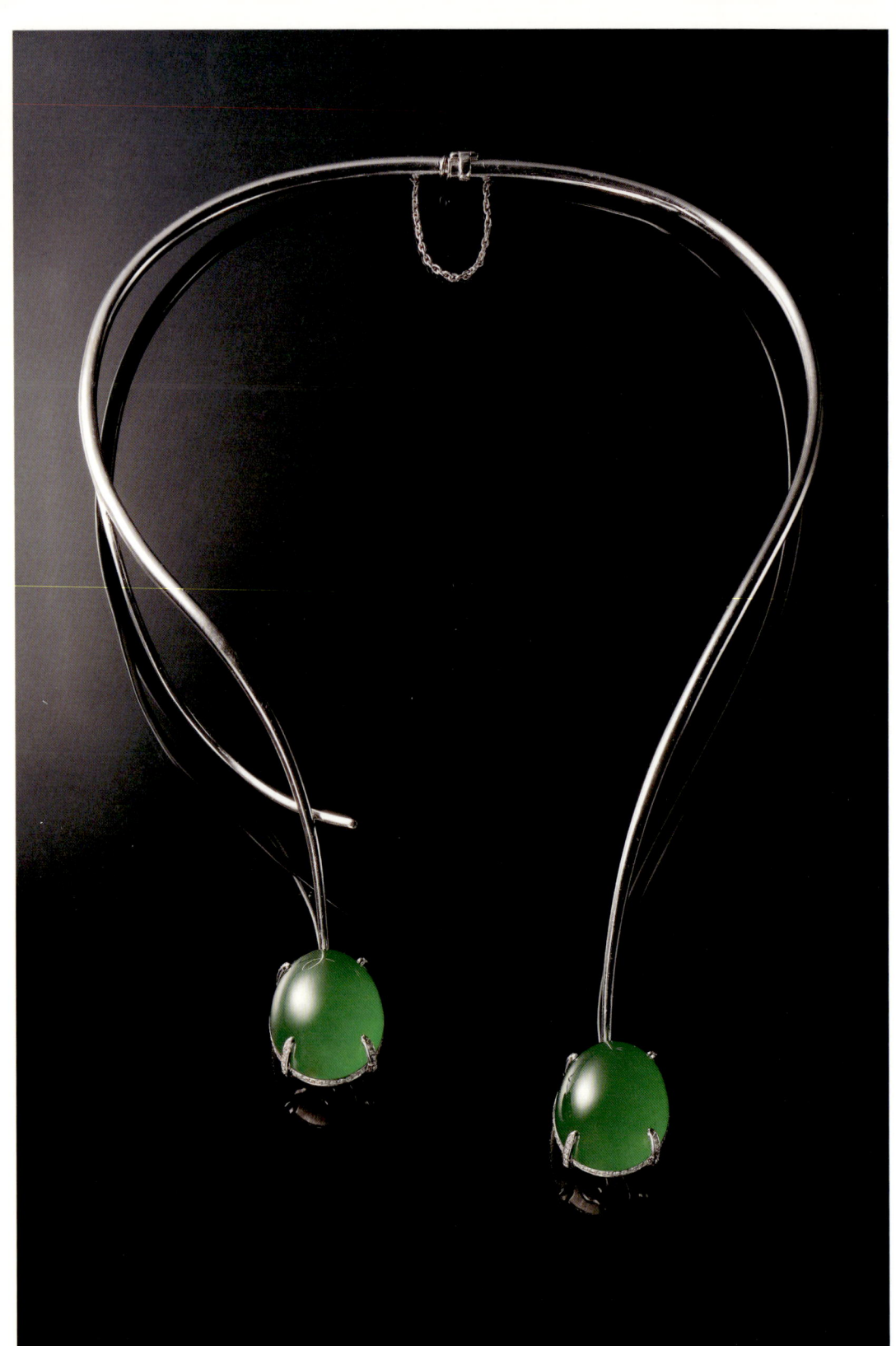

老坑玻璃种"倾城之翠"项链。

富御，www.richjade.com

富御，翡翠之美

文/薛颖杰　图/品牌 提供

在台北"故宫"博物院，胡焱荣亲眼见到了清晚期翡翠雕刻作品"翠玉白菜"，受到强烈的震撼和感动，他立志要创作属于这个时代的"翠玉白菜"，由此他投身翡翠艺术创作。

翡翠，本是东亚地区富裕者的佩戴赏玩之物，却在近年来逐渐成为时尚设计的元素。富御（Rich Jade）创立于1999年，创始人胡焱荣是缅甸华裔，家族四代从事翡翠事业。在家庭的耳濡目染之下，胡焱荣从小就接触并喜爱翡翠。1995年，他离开家乡迁居台北，在台北"故宫"博物院，他亲眼见到了清晚期翡翠雕刻作品"翠玉白菜"，这件家喻户晓的藏品让他领悟到创作者选材、运刀、创作之意境与作品之高妙的同时，也给了他强烈的震撼和感动，想要创造属于这个时代的"翠玉白菜"的强烈愿望，带领他投身翡翠艺术创作。

不仅是珠宝

富御就诞生在胡焱荣的这一愿景下。翡翠色彩丰富却又低调内敛，历久而弥珍，胡焱荣也希望打造一个与翡翠一样经得起时间考验的品牌，因此，富御的作品力求体现翡翠全新的风貌与生命力，引领悦赏者细观生命内涵与本质之至真、至善、至美，并将此真善美随着每一件翡翠精品之作代代相传。

对于翡翠的执着让富御不仅仅停留在市场产品上，对于翡翠文化的推广也是富御的着力之处。2003年，一次偶然的机缘让胡焱荣结识了台北"故宫"前院长秦孝仪，胡焱荣创造的突破中国传统制玉手法所展现出的艺术风格让秦孝仪甚感惊叹，两人成为忘年的艺术知交。在秦孝仪的启发下，胡焱荣决定设立翡翠文化博物馆"莹玮艺术"，以翡翠艺术作品为媒介，推动生活美学教育以及文化创意产业的发展。

富御北京艺术中心。

富御创始人胡焱荣伉俪。

翡翠艺术

翡翠文化博物馆的成立也为富御的品牌改变带来了新的契机。2010年，富御正式将翡翠创新设计延伸至文化创意领域，成为唯一授权进驻两岸故宫博物院的精品品牌，打造出从"故宫富御"与"紫禁城富御"领军的文创品牌，将最具东方风情的翡翠，与故宫典藏文物交融对话，合作开发文创精品、风格礼品及生活美学典藏系列，借由翡翠材质的创意价值，传递出文化与美学的动人故事。

无论是博物馆，还是文化创意产品，都是富御在推广翡翠文化上的尝试之举，富御艺术中心的成立更是将"推广美学文化"的理念向前推进了一步。这里展出了当代翡翠艺术创作及胡焱荣私人收藏的翡翠精品。艺术无国界，无论来自哪里，热爱翡翠的人们都可以在这里交流、品鉴。未来的富御还将继续秉持中国固有的礼义文化为品牌核心概念，将推广翡翠当代艺术作为使命，不断拓展翡翠的艺术生命力。

紫罗兰翡翠手环。

昭仪翠屋制作的K金镶钻无色玻璃翡翠吊坠。

昭仪翠屋，www.zhaoyi.com

昭仪翠屋创始人王云鹤。

昭仪翠屋，打造中国珠宝品牌

文 / 薛颖杰　图 / 品牌 提供

2003年1月，王云鹤作为中国本土翡翠珠宝领域的第一个"吃螃蟹者"，注册成立"昭仪翠屋"，一直以来以设计和传播"翡翠之美"为己任。

作为中国改革开放以来最早接触到西方奢侈品的中国人，王云鹤受朋友之托，拿着一块翡翠原料在国内寻找加工，但是她很快发现，中国翡翠行业门槛比较低，没有成型品牌，它只能算是玉石，而不是珠宝。

"之前，我们也做了大量的考察，发现翡翠产品能够真正跳出传统概念的并不多，生产方式也多以家庭作坊、父传子的形式而存在。而在全球珠宝市场，具备东方色彩的翡翠，并没有太多的市场份额。"王云鹤说。

卖的不仅是翡翠

从昭仪翠屋品牌创始之初，王云鹤就将品牌定位在翡翠文化上。她卖的不仅仅是翡翠，更是具有国际通用语言的珠宝。在过去，翡翠仅仅是玉石，但王云鹤要让它背后的文化与精神被更多人知道。"欧洲的奢侈品是很讲究传统的，品牌故事可以讲几百年。我认为我们中国人也不应该丢掉传统去想问题，如果真的想国际化，就应该把品牌的底蕴告诉他们，我们有几千年的底蕴支撑，可以很自豪地跟他们讲什么是珠宝和奢侈品。"

| 中国精品 | 美好生活 | 用 – 昭仪翠屋 |

K金镶钻绿色翡翠吊坠。

K金镶钻绿色翡翠项链。

K金镶钻绿色翡翠套件。

在2012年底,昭仪推出一个更符合年轻人审美的全新产品线,产品设计将更艺术化、价格更易于被年轻人接受。这样昭仪将成为翡翠时尚化的第一人,其目标就是要"让年轻人爱上翡翠",为未来的市场培育打下基础。

王云鹤认为全球顶级奢侈品牌成功的共同点在于：设计第一，工艺第二，材质只是第三位。而珠宝则不同于一般奢侈品，材质、工艺与设计同等重要，且有着更丰富的内涵，昭仪翠屋也如此打造自主创新的翡翠珠宝品牌。正是如此，昭仪翠屋团队不仅包括原石采购，同时也有自己的设计及加工团队，并将翡翠原材料采购、加工、设计、镶嵌、零售以及高级定制作为一个整体来经营。

放眼全球

2008年6月，日本国际珠宝代理巨头平和堂在东京举办的珠宝展，昭仪翠屋便作为这个已经举办33年的珠宝展第一次邀请的中国品牌出现。在那次展会上，面对绝大多数来自欧洲的顶尖珠宝品牌，昭仪翠屋毫不逊色，反而成为当时展会的明星。由于日本占据全球奢侈品40%的市场份额，很多原本在欧洲并不出名的奢侈品牌也在日本成为国际知名品牌。东京展会的非凡鼓励，让王云鹤对翡翠珠宝的未来充满底气，"那次之后，我就决心一定要将昭仪翠屋打造成国际品牌。"

王云鹤认为奢侈品和文化差异性也有着很大的关系。国外的奢侈品比较张扬，中国人却是内敛而含蓄的。所以，在打造自主品牌时，应适当加进一些外在表现形式，和西方的文化相融合，同时又不丧失中国式的内在审美。

创新之道

王云鹤不仅第一次将翡翠打造成珠宝来卖，在开店之初，她也破天荒地将当时鲜有关注的无色玻璃种翡翠推向市场。这是一种无色透明翡翠，被行家俗称为玻璃地，是天然翡翠中品质最高的种质，细腻通透，虽然无色，但在一定厚度下，却呈现出透明至白色的光感，明亮而莹洁。尽管这一举动刚开始并不被业内认可，但是强调设计与精致工艺的定位，让无色玻璃种翡翠在推出半年后就被市场接受，并引来了众多效仿者。2009年，昭仪翠屋承担并申报的《无色透明翡翠（玻璃地）分级》获得国家立项，最终将无色玻璃地翡翠分级细化为"5C"指标［透明度(Clarity)、净度(Cleanness)、颜色(Color)、切工(Cut)和质量(Carat weight)］，就此树立了新的行业指标，并与国际钻石分级一脉相承。其中"透明度"就是翡翠所特有的。

与国家非物质遗产花丝镶嵌传承人白静宜大师的合作也是昭仪翠屋在品牌创新上的尝试之一。纯手工工艺的价值越来越受到消费者的认可，特别是在欧洲，这样的设计更利于对翡翠并没有太多认识的欧洲人接受，同时也是对传统中国手工艺的传播。除此之外，昭仪翠屋还再次向市场推出全新的"墨翠"品种，这种看似黑色实为墨绿色的新翠种再次开创了翡翠产品的先河，尤其受到男性消费者的青睐。

枭龙戏珠
18K玫瑰金手工雕刻陀飞轮表

表壳：18K玫瑰金，表镜及透底为蓝宝石玻璃
表盘：18K白金、18K玫瑰金手工雕刻复合表盘
表针：蓝钢表针
表带：鳄鱼皮表带，18K玫瑰金蝴蝶扣
表径：40mm
厚度：11 mm

机芯型号：TB01-2 陀飞轮机芯
钻数：20钻
24小时实走误差：±10秒以内
振频：21600次/小时
动能储备：63小时
孤品已售

北京手表厂，www.bjwaf.com

做中国最好的高级腕表

文 / 水兰、木头 图 / 品牌 提供

游龙戏凤、雅典娜、蝶恋花、太极、中华陀飞轮……在北京手表厂的VIP展厅中,我看到了代表中国制表行业最高水准的代表之一。进入北京手表厂的网站,是悦耳的《茉莉花》旋律,像报时的钟乐,轻轻地伴着一只只精美的腕表徐徐地展现。

初夏的政法大学校园里绿茵遍染,在幼儿园孩童的稚嫩喧闹中,我找到了北京手表集团的厂房——呈回字相接的4层楼房,厂房外绿茵如洗,巨大而明亮的窗户将这栋稍显陈旧但却非常整洁的小楼和周围其他建筑显著地区分开来。

在朴素而又略带古意的办公室里,明亮的阳光穿过树影照射在贴墙而立的硕大展示柜上,展示柜里是各种奖杯及证书。显然苗洪波总经理并未着急向我展示这些荣誉,而是从自己的经历讲述了北京手表厂的变迁。

临危受命后的果断改革

1998年的北京手表厂一年亏损一千多万,谁都不敢来接这个包袱,当时的副厂长苗洪波临危受命,在33岁时被"扶了正"。依然年轻的厂长如今回想起来仍然觉得不可思议:"一点儿都不夸张,当时确实有争议。但凡有个人愿意来试试,肯定都轮不上我。"这么年轻的厂长到底行不行?没有人心里有底,只有走一步算一步。

大学时代的苗洪波亲眼见证了国产手表是如何受到外来电子表、石英表的冲击而全线崩溃的。他非常清楚地记得,自己的第一块手表是1986年上大学时花60块钱买的天津生产的卫星牌手表,"但是到我大学毕业的时候,手表就卖不出去了"。

为适应市场,北京手表厂开始大规模生产石英机芯,但仍然无法和日本的机械化生产规模相比。当时的苗洪波感慨道:"靠这个,我们拼不过日本。"他果断地停掉了石英表的生产线,转而寻求其他救厂的方法。当瑞士品牌大举进入中国,打得日本品牌溃不成军时,苗洪波意识到,做手表就要做品牌,做有中国特色的高级表。

刚开始,北京手表厂的许耀南和石文礼等大师们做出技术含量高的腕表,由苗洪波赋予其文化内涵,进行包装,推向市场。如今,苗洪波出创意、出想法,由大师们来实现。2004年,北京手表厂首次发行红金限量款陀飞轮金表,标志着中国品牌首次以贵金属外观、陀飞轮高复杂机芯、限量等元素进军高级腕表市场。

2006年,中华陀飞轮铂金钻表"游龙戏凤"以7项世界第一的手工微雕技术震惊瑞士巴塞尔国际钟表展,同年以100万元人民币的高价被买家收藏。随后,在苗洪波的带领下,北京手表厂又制造出"蝶恋花"珐琅机芯陀飞轮表、"北京2008"珐琅双陀飞轮表等颇具中国文化特色的高级表。

现在,有很多国际知名的华人来到北京手表厂指定要买北表厂制造的高级表,他们有的是自己收

中国精品 | 美好生活 | 用－北表

蝶恋花
表壳：18K玫瑰金表壳
表针：掐丝珐琅表针
表镜：表镜及透底为蓝宝石玻璃
表带：咖色鳄鱼皮表带18K玫瑰金带扣
机芯：TB01-2(掐丝珐琅机芯）
表径：40mm
厚度：11 mm
钻数：20钻
防水：3ATM
24小时实走误差：±10秒以内
功能：6点位飞行式陀飞轮、自由弹跳式游丝、能量储备大于63小时
孤本已售

岁朝清供
18K玫瑰金珐琅陀飞轮三问表
表壳：18K玫瑰金表壳，表镜及透底为蓝宝石玻璃
表盘：银坯掐丝珐琅表盘
表针：18K玫瑰金表针
表带：鳄鱼皮，表带扣18K玫瑰金
表径：43mm
厚度：14 mm
机芯型号：MRB-1陀飞轮三问机芯
功能：三问（时、刻、分）、6点位飞行式陀飞轮、自由弹跳式游丝
钻数：30钻
24小时实走误差：±10秒以内
振频：21600次/小时
动能储备：63小时
孤本已售

藏，有的甚至是定制一大批作为企业的礼品。他们就是要向国外证明，我们中国也有自己的高端腕表。这种最淳朴的民族自豪感让苗洪波非常感动，更让他坚定了制造中国高级表的决心。

从大学毕业进入北京手表厂到现在，十几年过去了，苗洪波亲眼见证了表厂的转型、发展和壮大，也经历了人生中许多重要的时刻。"做这一行，我并不后悔，"他说，"我希望北京手表厂做得越来越好，做出中国最高级、最好的表。"

渴望推动着希望

北京手表厂有个VIP展览室，专门展出北表厂独具特色的腕表，其中包括为建厂五十周年制作的"北京2008"珐琅双陀飞轮表、1990年中美苏联合登山队登珠峰时的纪念表、各种中华陀飞轮腕表、珐琅彩绘腕表以及近两年大力推广并引以为豪的双轴双擒机芯腕表。这些高级腕表无一例外都采用了北京手表厂自己研发、制作的机芯，是苗洪波嘴里所说的自家"孩子"，是他的骄傲，也是整个厂子的骄傲。"我希望别人提到中国的高级表、好表，一下子想到的就是'北京'牌，是北京手表厂一帮大师弄的，这就够了"。

在他们制作第一只复杂手表之前，中国生产的腕表最多卖几千块钱，北京手表厂决定开国内之先河，制造集贵金属、限量、高复杂机芯于一身的高级表。回忆刚开始制作高级表的那段时间，苗洪波坦言："那段时间对我们来说是最难的时候，没有任何经验可以借鉴。" 2004年，北表厂接到了两个高级表的订单，"这一下让我们看到了希望，在中国毕竟还是有这样的人，他们希望戴上中国自己制造的高级表。"

北京手表厂第一代陀飞轮样表于1995年诞生，经过一轮又一轮改进之后，如今的中华陀飞轮已经是第四代了，中华陀飞轮也由最初的"游龙戏凤"陀飞轮到现在的"太极"——双轴立体陀飞轮，这在技术上是一个大的飞跃。2006年，北表厂的"游龙戏凤"在瑞士巴塞尔钟表珠宝展上引起轰动，人们都被这款中国表的天价成交额震惊。

从巴塞尔载誉归来，北京手表厂中华陀飞轮的名气打响了，"以后中华陀飞轮这个品牌就是

太极
中国第一只双轴立体陀飞轮表
表壳：18K玫瑰金表壳，表镜及透底为蓝宝石玻璃
表面：珍珠贝表盘
表针：18K玫瑰金表针
表带：鳄鱼皮表带，18K玫瑰金蝴蝶扣
表径：44mm
厚度：17.5mm
机芯型号：TB04双轴立体陀飞轮
功能：能量储备显示、指针式日历、累计工作时间、月相
钻数：46钻
24小时实走误差：±10秒以内
振频：21600次/小时
动能储备：大于50小时
售价：430000元
限量：30只

水晶
蓝宝石夹板双陀飞轮表
表壳：18K玫瑰金表壳，表镜及透底为蓝宝石玻璃
表针：镂空蓝钢夜明表针
表带：鳄鱼皮表带，18K玫瑰金蝴蝶扣
表径：44mm
厚度：14 mm
机芯型号：TB02-S双陀飞轮机芯
机芯特点：蓝宝石夹板
钻数：36钻
24小时实走误差：±10秒以内
振频：21600次/小时
动能储备：大于50小时
售价：260000元
限量：30只

北京手表这个品牌的顶级分品牌。"苗洪波介绍说。

延伸精密制造中的中国文化

"如果最有中国味儿的手表不是出自北京手表厂，那我们就很没有面子了"，在苗洪波这个北表厂领头人的心目中，北表厂的高级表就是要有中国味儿，要大气，在表盘的设计上要体现中国文化的主题。钟表是一个精密的计时仪器，是一个机械产品，为什么要跟文化挂上钩呢？瑞士表那么贵，为什么人们还踊跃购买呢？苗洪波深有感触地说："瑞士手表品牌做得非常有文化特点，非常有个性，每一个品牌都有自己独特的文化故事。多年的文化积累使其品牌形象根深蒂固地植根于消费者心中。"中国没有比北京更有文化气息的地方，"做钟表文化，北京手表厂应该是有得天独厚的优势的"。在他看来，机械加文化就等于品牌，北京手表厂就是要制作富有深厚文化内涵的高级表。

之前北京手表厂生产的手表有两套品牌标志，一套是天安门城楼，另一套是汉字"北京"。锺泳麟建议他们选用后者，如今"北京"这两个汉字成为北京手表厂生产的腕表的唯一标识。苗洪波说之所以做出这个决定是因为用汉字做品牌标识在世界上还没有，是只有中国才有的。

对于目前的钟表市场，苗洪波充满自信："这个市场需要手表，爱表的人是存在的。"如今的北京手表厂虽然发展迅速，但苗洪波却不敢轻易谈到与瑞士品牌的竞争，他长长地叹了口气："现在我们还不能像刘翔一样出去跑，顶多在边缘市场多争取一些份额。"中国的市场这么大，瑞士、日本的品牌都跑到中国来了，中国品牌却要往外跑，苗洪波觉得完全没有必要，"做咱们中国的好表"，这就是北表厂的品牌目标。

在参观北京手表厂厂房时，随便抬头，便看到窗外的繁花似锦，各种叫得出和叫不出名字的乔木都在争相吐蕊。窗外的孩子们已归于安静，布谷鸟声伴着花影在安静的车间里飘荡。"布谷、布谷"，是的，正是立志于弘扬中国制表行业的苗总和许大师、张大师们在这块土地上播下了种子并悉心地呵护着它茁壮成长。

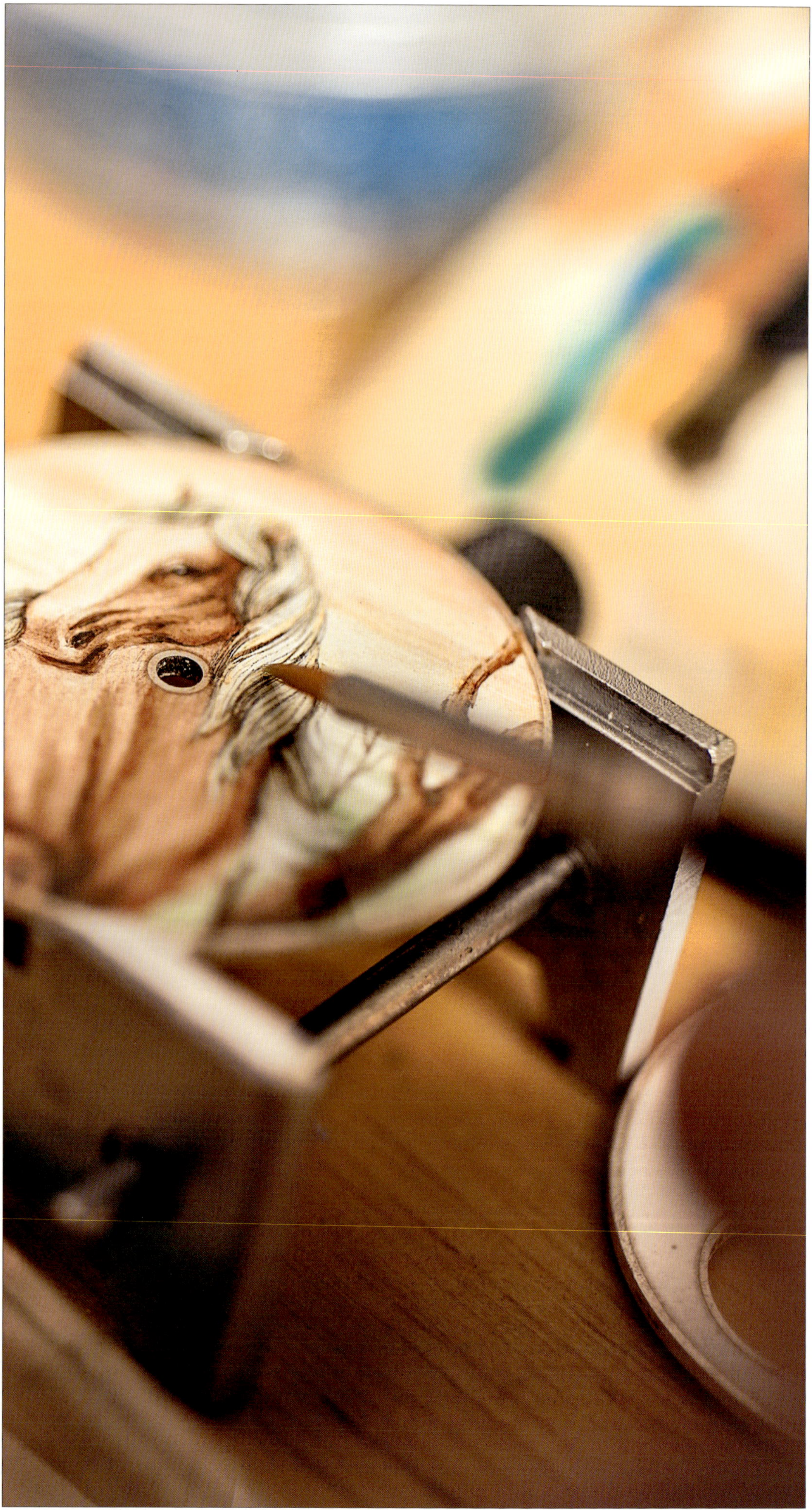

熊氏珐琅传人熊松涛。

熊氏珐琅，方寸间的大学问

文 / 薛颖杰　摄影 / 薛仲华

2007年的巴塞尔钟表展上，北京手表厂的"蝶恋花"银坯掐金丝珐琅夹板的陀飞轮腕表轰动全场，完成这款腕表的掐丝珐琅工艺的正是北京靛庄花丝厂厂长，32岁的熊松涛。

熊氏珐琅诞生记

珐琅，英文名称enamel，中文名称来自于中国古代西域地名"拂菻"的发音，这是因为珐琅最初起源于波斯。铜胎掐丝珐琅约在蒙元时期传至中国，明代开始大量烧制，并于景泰年间达到高峰，后世称为"景泰蓝"，此后，景泰蓝就成了铜胎掐丝珐琅器的代称。

北京靛庄花丝厂就是生产景泰蓝器的工厂，熊松涛的爷爷曾在清朝珐琅器造办处下属的作坊做学徒，1969年响应政府出口创汇的号召与同村人一起创办了靛庄花丝厂，几经改革与转型，到了熊松涛这一代，工厂已经是熊氏的家族企业了。熊松涛从小就在工厂车间里玩耍、成长，到现在，他还愿意住在工厂里。大学毕业后，熊松涛接手了花丝厂，从头开始学手艺。尽管掐丝珐琅已是工艺成熟的传统手工行业，但年轻的熊松涛总是不甘于固守祖上留下来的手艺，而是希望能有新的尝试和创造。

一个偶然的机会下，熊松涛在一本拍卖图录上看到了一款雅典表（Ulysse Nardin）出品的珐琅表。"虽然我不懂表，但是我懂珐琅。我当时就觉得珐琅表盘里面大有文章。"2006年，熊松涛在中华世纪坛参观了江诗丹顿的大型古董珍藏钟表展示会，"对我刺激太大了，我仔细观摩了珐琅表，精美至极。我也是做珐琅的，怎么就做不出这种水平呢？"由此，熊松涛开始着力研究表盘的掐丝珐琅工艺。与瓷盘珐琅相比，金属珐琅更难控制，传统掐丝珐琅多为铜胎铜丝，熊松涛则选择了银胎金丝。珐琅工艺里用的金属都要求纯度高，表盘银坯的纯度至少要99.9%以上。白色的银反光率是95%，在贵金属里是最好的，所以色彩还原非常好。

中国精品 | 美好生活 | 用－熊氏珐琅

银胎掐丝珐琅瓶。

熊师傅制作的微绘珐琅腕表。

102

另外因为珐琅烧制要经过高温还不能氧化，所以纯金丝是最好的，与铜丝相比结晶度更高。制作面积小、精度高的表盘选用银胎金丝是最经典的做法。"用了不到一年的时间，我就赶上甚至超过欧洲的水平了。"

珐琅是用石英、长石、硼砂和氟化物等硅酸盐类物质，经过800摄氏度左右的高温烧结后附着在金属表面上的"釉"，主要用来装饰和防锈。在1918~1956年间，珐琅与搪瓷是同一个概念。1956年中国制订搪瓷制品标准，珐琅成为了艺术搪瓷的专属名词。珐琅的本色为白色或透明无色，它的色彩来自于高温烧结时各种金属氧化物的混合。因此有时需要多少颜色就要烧多少回，而每个色彩的烧制温度则全靠个人经验。"蝶恋花"的制作就是在经过了40多道工序后，又经过十几次高温焙烧，釉料才最终呈现了百花竞放的效果——熊松涛说至今还没能烧出同样的第二块。每来一种新的料，熊松涛都会试验，寻找能让这种色彩最漂亮的温度。所有这些制作原料也需要从国外进口，因为国内能供应的原料制作一般景泰蓝没有问题，但对于表盘来说，纯度、洁净度和色彩饱和度则显然不够。

传承源于创新

尽管中国有丰富的传统手工艺，但已随着大工业的发展逐渐式微，甚至濒临消失。熊松涛却将传统掐丝珐琅工艺做得风生水起，最大的区别就在于创新意识。微雕和珐琅现在仍是钟表行业里最高端复杂的手工艺，烧制珐琅表盘的成品率平均为10%，这是一个在瑞士也很难突破的水平。百达翡丽有4个人做掐丝珐琅，积家有两个人做微绘珐琅，而在中国，能做掐丝珐琅的熊松涛数一数二。对于掐丝工艺来说，金丝越细，能表现的内容越丰富，同时加工难度也越大。瑞士目前的制表工艺所做的掐丝珐琅表盘金丝厚度是7丝，也就是0.07毫米，而熊松涛的金丝已经可以达到0.04毫米。当金丝细到这个程度时就极易在焊接的时候化掉，为了避免这种情况，熊松涛在焊接时会在金丝上加一层保护剂，这种他自己研制的保护剂就是熊松涛能让自己的金丝达到4丝厚度的秘方，"这是瑞士人掌握不了的"。

如今，与熊氏珐琅合作的国际品牌已经接近10家，其中也包括几家一线品牌。但这些品牌都会在签订制作协议的时候要求签署保密合同，所以这种代工并非长久之计。而在国内，大多数掐丝珐琅产品还停留在传统设计、传统纹样的阶段，熊松涛则希望能让这项传统手工艺在当代社会有更好的发展。从2008年开始，熊松涛便尝试着运用其制作顶级珐琅表盘的手艺，创制自己的品牌"熊氏珐琅"。这是一个拥有完整产品的产业链：其中，珐琅首饰、类似鼻烟壶大小的珐琅瓶、大件珐琅器皿等成为主打。"熊氏珐琅工作室"的成立也是品牌打造中的一个尝试，这是中国第一家展示珐琅作品、传播珐琅文化、再现珐琅工艺的专业工作室，也是第一家以高级定制概念为客户服务的珐琅工作室。

未来，熊松涛希望能够让掐丝珐琅器真正成为艺术品，成为能够被收藏家所青睐的作品，而要实现这个目标，符合现代审美的设计就是最重要的。传统珐琅制品从纹样、设计到色彩都缺少变化，给人老气横秋的感觉，而熊松涛则要让现代艺术和掐丝珐琅工艺结合起来，产生更能被现代人接受的作品。目前，他已经开始计划尝试用掐丝珐琅烧制油画效果作品，也在准备与画家合作新的图样。对于以后的发展，熊松涛踌躇满志，这个年轻的继承者让掐丝珐琅老工艺焕发出了新的生机。

雙妹的彩妝产品。

雙妹，复兴上海名媛文化

文 / 小春

"雙妹"是一个诞生于1898年的上海品牌，由上海家化前身——广生行创始人冯福田所创建，是冯先生梦中得到的灵感：完美的女人是"DIA"和"JIA"气质融合一身的，如双生花一样。2010年，上海家化联合股份有限公司重新激活这个拥有百年历史的国货品牌，将"雙妹"打造成以上海名媛文化为个性的中国首个高端时尚跨界品牌。

源自上海名媛文化

1898年，"雙妹"由广生行创始人冯福田创立于香港。源自中国古代贵族养颜秘方，并融汇中西美妆方略。

1903年，"雙妹"品牌正式登陆上海，在塘山路成立上海发行所。1910年，"雙妹"入驻南京路475号，占据了其时最高端的时尚地标。1915年，"雙妹"旗下已经拥有众多美妆与香水产品，品类非常丰富。"雙妹"的经典产品"粉嫩膏"在旧金山巴拿马世博会上斩获金奖，民国总统黎元洪亲笔为其题词——"材美工巧，尽态极妍"。其时的巴黎时尚界用"VIVE（极致）"盛赞"雙妹"的完美，由此"SHANGHAI VIVE"就成了"雙妹"的另一个名字。1910年开始，"雙妹"聘请包括"月份牌画王"关蕙农等月份牌名家为"雙妹"绘制广告。"一座由篱笆围绕的豪华花园里，两个身穿旗袍亭亭玉立的美少女并肩而立……"的月份牌，成为中国月份牌的经典代表。

2010年，逢世博盛会，上海家化携手国际品牌管理团队、法国产品开发团队和蒋友柏先生设计团队，重新激活这个拥有百年历史的国货品牌。雙妹推出经典系列美颜产品——玉容霜、粉嫩膏、养颜萃露等，源自经典的名媛美容秘方，与西方现代科技相结合。另外推出香水、彩妆、配饰，打造上海名媛文化为个性的高端品牌。

雙妹的护肤与香氛系列。

雙妹的护肤与香氛系列。

名媛文化能走多远

上世纪三四十年代老上海的名媛文化，至今仍然给不少人以养分，它集奢华、摩登、风情于一身，并且沉醉于中西混血主义，在东西韵味之间游刃有余。重新激活"雙妹"品牌，也是希望将这种亦中亦西的奢华时尚再次复兴。老上海的名媛文化是与那个时代的历史文化密不可分的，如今的中国现代名媛文化与大都会女性形象再次兴起，正是"雙妹"复兴的时机。

"雙妹"一上市就以高端跨界为定位，这反映了他们全面占领市场的气魄，但是做好他们最有竞争力的核心美妆产品才是当务之急。佰草集借东方草本文化在中国崛起，而"雙妹"品牌的定位比佰草集还要高。"雙妹"推出的产品中，一块香皂标价300元，一瓶香水价格千元以上，定位瞄准香奈儿、兰蔻等国际一线品牌化妆品，力争成为国内第一个化妆品奢侈品牌。"雙妹"除了上海和平饭店店，还在欧洲出售。上海家化进军高端市场、抢占国际市场，试图越来越国际化。但想将古老的秘方和品牌发扬光大，品牌的文化与名气固然重要，做好产品本身，才能在高端市场中抢得一席之地。

---

www.shanghaivive.com.cn
上海和平饭店店 南京东路20号 和平饭店北楼

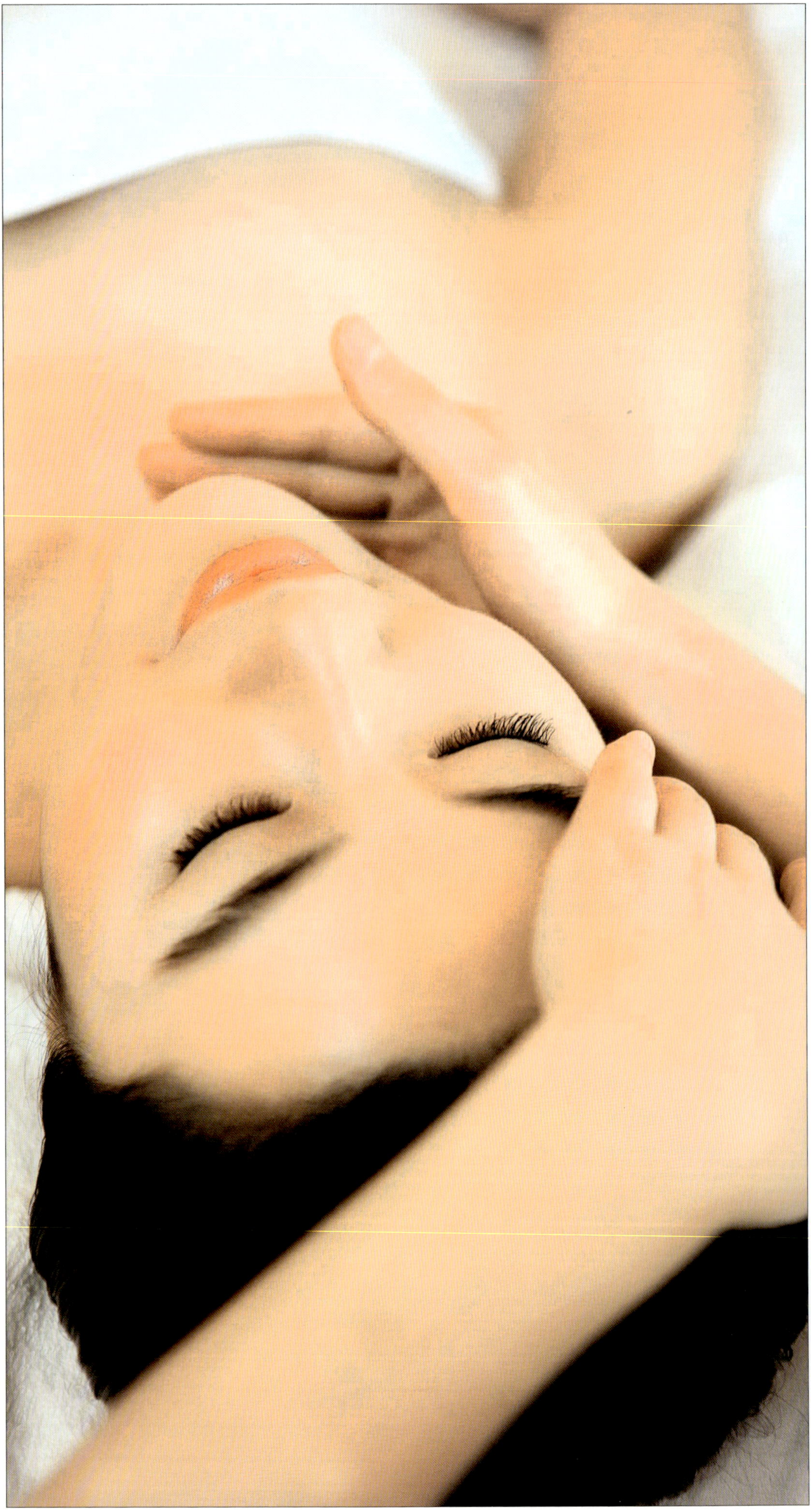

佰草集SPA，汉方的兴起

文 / 小春

佰草集(HERBORIST)，是上海家化联合股份有限公司1998年推向市场的一个具有全新概念的品牌，是一套具有完整意义的现代中草药中高档个人护理品。2002年，佰草集SPA开张，爱美的女性们得到更多独特的中草药专业护理享受。佰草集汉方SPA秉汉方养生养美之粹，配合花木精油养护，本草汤浴水疗，以达"身、心、灵"的健康平衡之美。

汉方赢得市场

1998年，上海香港广场第一家专卖店开张，佰草集带着全新的中草药平衡护理概念上市。以中草药添加剂为特色，秉承了中国美容经典的精髓，糅合中草药精华与现代生物科技的最新成果。佰草集的独特定位在中国化妆品市场独树一帜，刮起了一阵中国本草风。

2002年，佰草集SPA开张，继续以汉方中草药进军SPA护理市场。佰草集汉方SPA，秉承流传千年的《黄帝内经》"整体、平衡"养生养美精髓，以独特的汉方，循序渐进调理人体内部三焦五脏、奇恒之腑，深层畅通经络，补益气血精华；配合精油养护，药浴水疗，不仅从根源整体调理呼吸、血液、精气神的运行，更可深度荡涤女人内部潮汐，使之与日月星辰的流转契合。

专业美疗师提供一对一的个性化咨询，量身定制专属的养生美疗。外，采撷本草毓秀，糅合现代生物科技最新成果，温柔呵护女人的秀美发肤；内，改良以"一指禅"为核心的按摩手法，传承流传千年的中医经典砭、灸技法，并配合东方特色水疗，于根源着手，全面地调理内在肌体。

中国精品 | 美好生活 | 用－佰草集SPA

佰草集SPA位于上海的旗舰店。

SPA也要个性定制

近几年的中医养生热,让汉方、中草药这些传统智慧的结晶再次被大众接受。佰草集以中国本草的独特定位,一举夺得了市场。佰草集SPA认准高端市场再接再厉,依然以汉方养生为根本,但是在服务上吸取了西方的先进经验,中西方有机结合。位于北京西路的佰草集汉方SPA丽都旗舰店,特邀法国设计师设计,融汇中西创意美学。简约的开放式空间极具现代感,西式壁炉中的火,中庭中的水池,又体现了中国文化阴阳五行的元素。西式设计与东方韵味,从环境上就体现了品牌中西融汇的理念。而一对一的个性咨询与定制,也是从西方的服务经验中取经,让古老的汉方更容易被现代人接受。

佰草集汉方SPA已在上海、苏州、常州、北京拥有12家分店,分别位于上海的淮海路、陆家嘴、徐家汇等高档繁华商圈以及北京的三里屯VILLAGE商业区,逐步建立了清雅自然、健康和悦的高端品牌形象。

www.herborist-spa.com
上海 旗舰店 北京西路718号
保定店 唐山路855号
永银店 西藏南路288号永银大厦6F
正大店 陆家嘴西路168号正大广场7F
淮海店 淮海中路652号3F
北京 三里屯店 三里屯Village9号楼9-3-1、9-3-2
金融街店 金融街购物中心L312商铺
苏州 印象城店 印象城购物中心4F

食
shi

凡饮,养阳气也;凡食,养阴气也。《礼记·郊特牲》

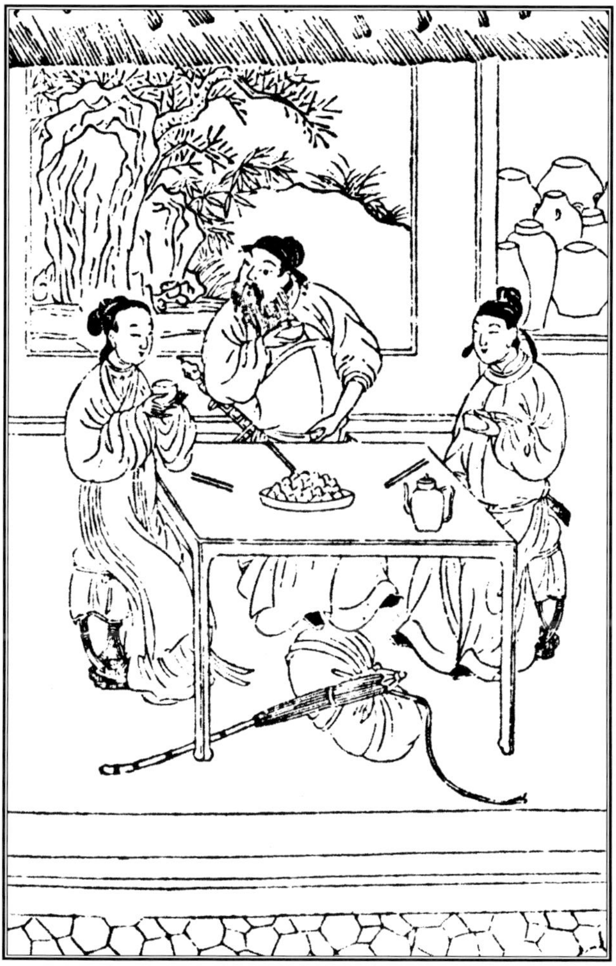

| 中国精品 | 美好生活 | 食－五粮液 |

五粮液，是用小麦、大米、玉米、高粱、糯米5种粮食发酵酿制而成，在中国浓香型酒中独树一帜。

五粮液，浓香旗帜

文 / 高鸣怡

如果从中国精品中找一个可以和国外名酒分庭抗礼的品牌，五粮液一定是不能忽略的。从某种意义上说，它代表了中国粮食酿造白酒的精髓。

大曲浓香型白酒的典范五粮液，是用小麦、大米、玉米、高粱、糯米5种粮食发酵酿制而成，在中国浓香型酒中独树一帜。如今，五粮液是中国最有价值的品牌之一，五粮液及其所形成的独特的"五粮液文化"极富东方灵性，享誉神州，香飘海外。

宋代，宜宾姚氏家族私坊酿制，采用大豆、大米、高粱、糯米、荞子5种粮食酿造的"姚子雪曲"是五粮液最成熟的雏形。到了公元1368年，宜宾人陈氏继承了姚氏产业，总结出陈氏秘方，时称"杂粮酒"。1909年一个晚上，宜宾众多社会名流、文人墨客会聚一堂，晚清举人杨惠泉边品酒边思忖，忽然问道："这酒叫什么名字？""杂粮酒。"邓子均回答。"如此佳酿，名为杂粮酒，似嫌鄙俗。此酒既然集五粮之精华而成玉液，何不更名为五粮液？"从此，一个传世品牌就此诞生。

宜宾五粮液以跑窖工艺为准，酒体丰满，古老的陈氏秘方为其增添了几许神秘，开瓶后喷香扑面而来。五粮液讲究烤酒水质，其原理是打入90米深、400米的隧道垂直深入岷江古河道，抽的是古河道以下的水，水经过自然过滤，再经过人工处理，水质非常好，保证了浓香醇厚的口感。上世纪60年代勾兑大师范玉平首先进行勾兑技术系统化、科学化的研究，建立了微机勾兑。人工勾兑和微机勾兑构成白酒勾兑史上独一无二的勾兑双绝。范玉平去世后，他的女儿范国琼接任勾兑中心主任，亲自指导监督烤酒质量。在第三届和第四届国有名酒评比会上，五粮液排位八大名酒前列。在第四届评比会上，专家给五粮液的评语达到了白酒的最高境界，内容是：香气悠久，味醇厚，入口甘美，入喉净爽，各味协调，恰到好处，酒味全面的独特风格。

在"2004年中国最有价值品牌"行列中，五粮液连续10年稳居中国食品行业第一名，当之无愧成为酒类行业的领导品牌。2010年，五粮液品牌价值已达526.16亿元，连续16年稳居国内食品行业第一位。

有一条符合企业实际的经营发展思路，有一套切合五粮液特点的企业文化理念，有一种创新求进、永争第一的不屈精神，五粮液集团不断创造着卓尔不凡的经济效益、环境效应与社会效应。

如果说中国有一款酒和法国的拉菲齐名，甚至有过之，
那非茅台莫属。

茅台，从地名到国酒的真历史

文 / 高鸣怡

如果说有一款中国酒让所有国人耳熟能详，非茅台莫属；若说有一款中国酒真正地走出了国门，被世界熟知，仍然非茅台莫属。

2012年5月22日，市场研究机构Millard Brown发布了2012年最具价值全球品牌百强榜，茅台以118.38亿美元的品牌价值排名第69位，成为唯一入榜的白酒行业品牌。在国内，有业内人士分析：假如政府严格控制公务员消费高端酒品，那么茅台很可能是唯一一个能卖到1500元以上的白酒品牌。

"茅台"原本是一个地名，它位于川黔交界的赤水河畔，无论距离四川的泸州市，抑或贵州的遵义市，都隔着层层峭壁群山。然而就在这样一块偏远的峡谷小镇，却诞生了中国最经典的烈酒品牌。这个品牌的传奇故事究竟是怎么开始的呢？

巴拿马获得银牌

人们最早了解茅台酒，是从1915年的巴拿马万国博览会开始的。然而当时"茅台"并不是一个品牌，仅仅是一个山坳小镇的名字。因为小镇独特的地理气候以及数百年积累的工艺，当地酒坊以回沙法酿造出的白酒（即酱香型白酒）口感独特、远近驰名。

1915年正值袁世凯执政，民国政府希望借助巴拿马万国博览会提升中国的国际形象，并促进出口，于是以工商部的名义找各省选拔名品、特产，去旧金山参加展会。茅台镇最著名的两家酒坊，荣和烧坊与成裕烧坊都推荐了自己的产品赴美参展。但是，当年贵州省并没有派代表随团赴美，而两家烧坊的白酒都以陶罐包装，也没有被中国代表团严格区分（当年参展的产品有上万个品种，且贵州选送白酒亦无明确介绍）。最终这批来自茅台镇、出自两个酒坊的白酒在赛会上获得一枚银牌（1917年出版的民国政府参赛公报《中国参加巴拿马博览会纪实》第181页，明确记载了茅台镇白酒在巴拿马博览会上获得银奖，坊间流传的茅台金奖说不实）。

关于巴拿马万国博览会，许多获奖的酒类产品都来自河北、山东、江苏等省份，当年这些省份都曾派员随团赴美，推荐自己的展品。而赛会评农业、食品类展品审查时的标准，主要看产品说明与随员推荐，茅台来自偏远省份，亦无人极力推荐，最终依然获奖，可见其品质非凡。

茅台酒商标诞生

次年，当这枚银奖被从北京送回茅台所在的仁怀县，荣和、成裕两家烧坊都认定是自己的白酒获奖，双方争执不下，官司一直打到了省政府。最后贵州公署下函，裁定两家酒坊共同获奖，奖牌、奖状则由县商会收藏陈列。

这段历史，就是当年茅台镇白酒与巴拿马万国博览会的真实关系。这段获奖经历使荣和、成裕两家烧坊在省内乃至西南地区名声更著。不过，当时的"茅台"依旧只是个模糊的地域标

茅台酿酒厂的工人在翻酒糟，这是酿白酒的必要步骤。

茅台酿酒车间的工人将发酵的粮食装入蒸酒桶

识，茅台镇有数百家酒坊，人们说的"茅台酒"并不是指某家酒厂、某个品牌的产品，而是当地独有的酱香型白酒的泛称。

茅台真正成为一个注册商标，是在上世纪50年代初。解放后，公私合营风潮席卷中国，荣和、成裕（已更名"成义"）、恒兴三家茅台镇最大的烧酒作坊陆续收归国有，合并成今天的茅台酒厂。这时，"茅台"不仅是地名，也成了一个酒厂的名字，一个白酒产品的注册商标。从那时起，中国人心目中的茅台酒不再是茅台镇所有酒厂白酒的统称，而仅仅是茅台酒厂唯一的产品。

"国酒"之名

茅台一直被称为"国酒"，一个"国"字，使它在酒桌上、口感上象征了这个国家，使它的品牌带上了旁人无法比拟的光环。然而"国酒"二字究竟是从何而来呢？

众所周知，从四渡赤水开始，周总理就非常喜爱茅台酒，这种情感、口感上双重的推崇一直被他带到了新中国成立后。

1952年，中央财政部税务总局下属的酒类专卖部门主办了第一届全国评酒会。与会专家从103个产品中评出了"八大名酒"，而茅台正是"八大名酒"的第一名。这次评选结果最终是由周总理亲自签批的，也是中国历史上唯一一次由最高行政机构首长签字认可的酒类排名。此后，周总理在各种宴会上介绍名酒之首的茅台，便开始用"国酒"二字。

在新中国半个世纪的外交宴饮中，茅台酒始终以国酒身份出现，并多次作为国礼赠送外国政府首脑。这不仅使茅台成为中国家喻户晓的国酒，还令茅台的国际知名度大大高于其他白酒。

一览众山小

上世纪80年代，当政府取消酒类专卖政策、废除国家统一定价时，茅台酒迅速由16元每瓶涨到128元每瓶，过去的依靠行政特权买茅台的局面，变成了靠经济实力说话。128元这个当年的天价，象征了茅台巨大的品牌力量。

随后，在度过短期由计划向市场的转轨，茅台、五粮液、剑南春这些一线白酒品牌开始急速膨胀。茅台、五粮液曾经连续5年竞相涨价，这是一场品牌力的终极较量，最后还是以茅台胜出告终。

为什么茅台在品牌竞争中会赢得胜利，并稳坐中国白酒第一高端品牌的位置？品牌竞争到达茅台、五粮液这个级别，已经超越了品牌背后的产品品质，而是稀缺性、文化力的综合较量。

茅台酒的酿造和它独特的地理环境密不可分。1975年，为了扩大茅台酒的产量，政府曾在仁怀县设立"茅台易地试验场"（即现在的珍酒厂），让茅台酒厂技师以同样的原料、工艺酿造"易地茅台"，结果无论如何做不出茅台的神韵。由此可见，茅台酒是茅台镇独特气候、微生物环境的产物。因此，茅台酒的产量提升非常慢，加上它的酿造周期几乎比五粮液长一倍，所以产量不及五粮液的四分之一。

这就是为什么茅台始终供不应求的原因，且造假严重。这样的稀缺性，加上与新中国政治的密切关系，使茅台稳坐白酒品牌的第一把交椅。随着白酒渐渐步入国际市场，茅台各种收藏年份酒的出台，其品牌地位还将继续提升。

| 中国精品 | 美好生活 | 食－国窖1573 |

它将中国最古老的窖池"1573"这个数字作为名称，永远铭刻在众人心中。

国窖1573，400载的传奇

文 / 邓赟　图 / 品牌 提供

经过400多年不间断的发酵酿酒，1573国宝窖池早已不是简单的泥池酒窖，而是集发酵容器、微生物生命载体和摇篮于一体的宝库，其特殊的微生物生命现象，价值非凡，影响深远。

浓香典范

泸州老窖源远流长，是中国浓香型白酒的发源地，以众多独特优势在中国酒业独树一帜。国窖1573正是泸州老窖系列酒之形象产品。

国窖1573源于公元1573年建造的"国宝窖池"。公历1573年（即明朝万历元年），泸州老窖由此开始形成规模酿酒窖池群。岁月变迁，朝代更迭，窖池却一直沿用至今，数百年未曾损坏、改建，一直保持着原始的风貌，堪称世界酿酒史上的奇迹，被尊为"国窖"。

众所周知，固态发酵酿酒是中华民族的创举，其显著的特点是泥窖发酵，自然生香，而且窖池越老，酒质越好，故有"窖老者尤香"之说。蒸馏酒的味觉质量基础，主要依靠发酵窖池。泸州老窖的先辈们巧妙地以泥窖为酿酒容器，开创了"泸型酒"酿造历史。"续糟酿造"的典型特征，使得酒糟营养长期不断地滋养窖泥，生香微生物香味源源不断地渗透到糟醅中，酒质日臻完美无瑕。经过连续400多年不间断的发酵酿酒，1573国宝窖池早已不是简单的泥池酒窖，而是集发酵容器、微生物生命载体和摇篮于一体的宝库，其特殊的微生物生命现象，价值非凡，影响深远。李铁映同志参观泸州老窖时，曾感慨万千，欣然挥笔，盛赞1573国宝窖池群为"中国第一窖"。

最古老的窖池

作为泸州老窖自1998年倾力打造的中国白酒超高档品牌，国窖1573经国家白酒专家组鉴定，具有"无色透明、窖香优雅、绵甜爽净、柔和协调、尾净香长、风格典型"的特点。它将中国最古老的窖池"1573"这个数字作为名称，永远铭刻在众人心中，让每一位细细品味美酒的人，也品味出国酿神技440年的精妙与璀璨。

国窖1573不仅将梅瓣碎粮、打梗摊晾、回马上甑、看花摘酒、手捻酒液等有如中国功夫般独具魅力的传统酿制技艺完整地保留下来，而且将只限于父子师徒间口口相传的酿制技艺代代传承，将分层蒸馏、续糟酿造、低温入窖、尝评勾调、原酒洞藏等技艺进行不断的科学改良，使得中国白酒的质量与品位提升至新的高度。

自然生态的环境也造就了郎酒采用深山矿泉酿酒的佳话，利用纯自然的天宝洞、地宝洞使郎酒完成洞藏、老化、生香，让郎酒获得鬼斧神工的酱香。

郎酒，山谷清泉

文 / 邓赟　图 / 品牌 提供

如果中国精品白酒中选一个最尊重自然的品牌，当非郎酒莫属。郎酒，产自川黔交界有"中国美酒河"之称的赤水河畔，是目前中国唯一一家采用山泉水酿造的白酒。

郎酒的历史可追溯到汉武帝时期，当时宫廷贡酒"枸酱酒"即是郎酒前身。郎酒因产地四川省古蔺县二郎镇而得名。二郎镇地处赤水河中游，四周崇山峻岭，为国家级原产地保护区。就在这高山深谷之中有一清泉流出，泉水清澈，味甜，称其为"郎泉"。因取郎泉之水酿酒，故名"郎酒"。有诗人说过："佳酿三千，独爱郎酒；山魂水魄，尽在其中"，这恰如其分地表明了郎酒在酿造过程中体现出的"天人合一"和"道法自然"。自然生态的环境也造就了郎酒采用深山矿泉酿酒的佳话，利用纯自然的天宝洞、地宝洞使郎酒完成洞藏、老化、生香，让郎酒获得鬼斧神工的酱香，更是郎酒的神来之笔。

据有关资料记载，清朝末年，当地百姓发现郎泉水适宜酿酒，开始以小曲酿制出小曲酒和香花酒，供应当地居民饮用。1932年，由小曲改用大曲酿酒，取名"回沙郎酒"，酒质尤佳。从此，郎酒的名声越来越大，声誉也越来越高。郎酒酒液清澈透明，酱香浓郁，醇厚净爽，入口舒适，甜香满口，回味悠长。

2010年，中国酿酒工业协会认定郎酒红花郎酒为"中国白酒酱香型代表"，认定郎酒新郎酒为"中国白酒浓酱兼香型代表"，这一认定，既是业内权威对郎酒品质的肯定，更是郎酒对消费者的品质承诺和信心保证。在卓越品质的基础上，郎酒的品牌价值也实现了大幅攀升，品牌价值从2010年的122.39亿元增至2011年的175.55亿元，名列"中国500最具价值品牌"第51位，再度蝉联中国白酒行业第三价值品牌。郎酒倡导的"神采飞扬·中国郎"已深入人心，郎酒一直坚持的"大气、正气、霸气"的企业理念、时尚感和神秘感兼备的产品理念以及郎酒独有的"一树三花"品牌策略均已成为郎酒的显著标识。

"神采飞扬，中国郎。"郎酒集团始终坚持这一品牌战略，品牌与销售并驾齐驱，不断优化产品结构，以更高、更快、更强的中国郎精神，开拓更为广阔的行业价值与影响空间。

| 中国精品 | 美好生活 | 食 – 文君酒 |

文君的酒瓶是一把古琴的模样,暗示了它与卓文君的关系。

文君酒，白酒的轩尼诗式表达

文 / 高鸣怡

2000多年前汉代奇女子卓文君，以中国有史记载的第一名人卖酒著名。"文君当垆"的故事千古传颂，由此开启了文君酒的悠久历史。

文君酒是国内第一个走欧洲烈酒包装、推广路线的白酒品牌。同时它也是一款有古老、浪漫故事的中国酒。从文君酒被轩尼诗收购开始，它的品牌设计就走上一条前无古人的路。

"文君酒"中的"文君"，其实是一个女人的名字。此女生活在距今2000多年前西汉的川南地区，新婚不久便做了寡妇。某个夜晚，她听见庭院中有人一边抚琴一边唱"凤求凰"的情歌，并深为词曲文采所动，便与这位男子私奔了。

后因文君之父的封杀，夫妻俩生计无着，这名女子便酿酒开坊，男子当起了掌柜，一起做起了酒生意。这便是"文君当垆"，其中思想开放的才女便是卓文君，"拐带"他的男人是大才子司马相如。"文君酒"的品牌就由这个故事而来。

轩尼诗收购文君酒当然不仅是因为这个故事。其所收购的文君酒厂是一座源自明代万历年间的古老酒坊——寇氏烧坊，数百年代辗转变迁，寇氏烧坊和它的窖池几经易手，在民国时代更名为大全烧坊，解放后经过公私合营，成为文君酒厂。这些古老的历史，令轩尼诗相信它有文化包装的潜质。

于是在2007年，轩尼诗品牌的所有者、世界第一大奢侈品集团LVMH（路易·威登—酩悦·轩尼诗）集团将文君酒收入囊中。很快地，LVMH开始尝试用轩尼诗的方式来包装文君酒，让它走一条与其他白酒不同的品牌之路。

首先，LVMH接手后，花重金重新设计了文君酒的酒瓶。这个新的、厚重的瓶形很容易让人联想起香奈儿五号的瓶子，只不过要大出许多倍。但和香奈儿五号一样，它传递出简约和前卫，虽然足足花了3年消费者才适应，但人们通过它开始相信白酒真的可以变得时尚、明快。

其次，文君酒是国内第一个采用葡萄酒、白兰地软木塞的白酒，砰的开瓶声散发出一些优雅的联想。而且，当一瓶文君酒没有喝完时，你可以用软木塞将它重新封好，像对付一瓶昂贵干邑那样，这是其他白酒都无法享受的待遇。

当消费者打开文君酒的包装，还会发现一个葡萄酒或干邑用的斟酒器，通过它，白酒流出瓶口、滑入酒杯时会变得舒缓、细腻。

最后，文君酒的品牌采用了欧洲式的推广模式（当然，用以填充这个模式的依然是中国传统文化）。除了时尚的广告，文君酒直邀高端客户参加高档的品酒宴会，宴会上会以歌舞的形式讲述文君酒浪漫的历史、丰富的文化，并且试图引导消费者尝试一种新的白酒饮用方法——在餐桌之外缓缓品鉴、玩味的酒生活方式。

这些推广活动已经持续了几年，文君酒的高端品牌形象渐渐由模糊变得清晰，并开始被大众接受。在当今的中国白酒圈，它代表了白酒时尚、华贵的一面，为中国白酒以往豪饮、古典、传统融入了一些精致、风度、优雅的意象。正因如此，文君酒被认为是中国高端酒品牌一个全新的探索方向。

千百年来，古越龙山不仅是文人骚客、商贾百姓的席中佳酿，更是达官贵人、皇室宗亲的宴中珍品。

古越龙山，真正的国酒

文 / 邓赟　图 / 品牌 提供

就酒而言，恐怕没有任何一种酒比黄酒更适合担当中国精品之名。中国黄酒源远流长数千年，更是演绎了无数伟人与黄酒的动人故事。卧薪尝胆的勾践，貂裘换酒的秋瑾，兼容并包的蔡元培，甘为孺子牛的鲁迅，融酒入"侠"的金庸……他们都与黄酒结下了不解之缘。

龙的崇拜

黄酒是中国的民族特产，也称为米酒，属于酿造酒，在世界三大酿造酒（黄酒、葡萄酒和啤酒）中占有重要的一席。"天下黄酒源绍兴"，绍兴黄酒又以"古越龙山"闻名天下。古越龙山是黄酒中的"国酒"，其在黄酒中的地位就如茅台之于白酒。古越龙山独树一帜的酿酒技术，堪称东方酿造界的典型代表和楷模。千百年来，古越龙山不仅是文人骚客、商贾百姓的席中佳酿，更是达官贵人、皇室宗亲的宴中珍品。在当代，古越龙山更深受新中国领导人的喜爱，随着中国的崛起，中国正逐渐向世界舞台的中心迈进。而古越龙山这一低度、健康、蕴含中国传统文化的酒开始担当起越来越重要的角色，伴随着中国的成长一齐走向世界的中心。

绍兴是古越的发祥地，也是绍兴酒的发祥地，龙山是古越政治文化的中心，也体现中国人对龙的崇拜。古越龙山绍兴酒一方面体现黄酒的历史源远流长，另一方面体现其品质日臻完美。

见证历史

古越龙山是黄酒行业唯一集中国名牌、中国驰名商标、国宴专用黄酒于一身的品牌，它畅销全国各大城市，远销日本、东南亚、欧美等30多个国家和地区，享有"东方名酒之冠"的美誉。温文尔雅的古越龙山，在中国的外交史上，多次见证了历史时刻的诞生。

1972年日本田中角荣首相访华，周总理设宴款待时喝的就是古越龙山酒。同年，周总理在招待美国总统尼克松一行的宴会上，荡漾着琥珀色绍兴酒的阵阵酒香，这酒香给尼克松总统带来了深刻的记忆。1985年尼克松总统再次来中国访问，邓小平在家设宴款待尼克松总统，时年81岁的邓小平举杯向尼克松总统敬酒："为我们的友谊"，用的还是古越龙山酒，尼克松总统喝后赞不绝口。宾主握别时，细心的邓小平特意准备了四瓶精装"古越龙山"酒相赠。

中国精品 | 美好生活 | 食－古越龙山

古越龙山50年可完美搭配全汤翅

古越龙山30年和冰镇老鸭盘头是绝配

1998年，来华访问的美国总统克林顿也得到了中国政府的国礼——塑有天女散花等图案，并刻有"美国总统克林顿访华纪念"字样的一百多坛绍兴陈年花雕酒。古越龙山以其特殊的身份见证着中美两个世界大国的友谊。

1992年12月，俄罗斯总统叶利钦第一次访华，江泽民总书记在钓鱼台国宾馆宴请叶利钦总统，请他喝"古越龙山"黄酒。温和圆润的黄酒给叶利钦总统留下了极为深刻的印象。江泽民获悉后便把上好的"古越龙山"黄酒作为贵重礼品向叶利钦总统赠送。此后叶利钦总统数十次来到中国，每次与江泽民会晤，必喝中国的黄酒。古越龙山也因此成就了无数段外交佳话。

走出国门

2005年法国干邑世家卡慕（CAMUS）携手古越龙山，古越龙山绍兴酒作为三种顶级佳酿之一，已经在全球免税店里开设的"酒中之王，王者之酒"的中华国酒专区销售。在2005年第六届中国国际葡萄酒烈酒评酒会上，"古越龙山"绍兴加饭酒获黄酒类唯一的特别金奖。同一年，在"中国500最具价值品牌"排行榜上，"古越龙山"以13.91亿元品牌价值名列355位，是中国黄酒行业唯一进入500强的知名品牌。

近年来，浙江古越龙山绍兴酒股份有限公司一直致力于弘扬和推广绍兴酒文化，公司将通过持续的管理与技术革新为广大消费者开发并生产健康、时尚的绍兴酒系列饮品。收购女儿红及扩产后，古越龙山年产能16万吨，基酒26万吨，居行业第一位。公司品牌定位清晰，主打中高端市场，满足了高端公务、商务及礼品消费需求，随着团购公司成立以及专卖店、网点的开设，古越龙山公司的经营步入新阶段，吴越之地的黄酒佳话，将会成就另一段千古美谈。

高境界的茶事活动，是物我两忘的，一如庄周是蝶，蝶是庄周。而竹叶青正是此种清茗之一。

峨眉茶香，论道竹叶青茶

文 / 邓赟　图 / 品牌 提供

茶是一种深沉而隽永的文化。中国茶是华夏文明的一个组成部分，已成为流淌在这个古老民族躯体里的悠久而青春的血液。

千百年来，峨眉山茶一直以其清醇淡雅受到名人雅士的喜爱。1964年，时任外交部长的陈毅元帅来到峨眉山考察，在万年寺与老僧人品茗对弈时对所品之茶赞不绝口，问道："这是何茶？"老僧人答道："此茶乃峨眉山特产，尚无名称。"并请陈毅元帅赐名。陈毅元帅仔细审视杯中茶叶，只见汤清叶绿，一片生机，便由衷地说道："这多像嫩竹叶啊，就叫竹叶青吧。"从此，竹叶青的声名不胫而走。

竹叶青是我国高级扁平绿茶的代表。此茶采自清明节前白雪未尽春芽初萌时，故名"峨眉雪芽"。唐时名"峨眉白芽"、"峨眉雪茗"；宋明以来又有"雪香"、"清明香"等雅称。竹叶青外形扁平光滑，挺直秀丽，色泽嫩绿油润，香气清香馥郁。细细品之，一缕太和之气弥于唇齿之间，味真意幽，神静气宁。因其产量有限，故极其珍罕。

竹叶青茶与佛家、道家的渊源甚长。峨眉山茶早在晋代就很有名气。佛文化中凝铸着深沉的茶文化，而佛教又为茶道提供了"梵我一如"的哲学思想，更深化了茶道的思想内涵，使茶道更具神韵。道家"天人合一"思想是中国茶道的灵魂，品茶无我，我是清茗，清茗即我。高境界的茶事活动，是物我两忘的，一如庄周是蝶，蝶是庄周。而竹叶青正是此种清茗之一。

竹叶青茶分品味、静心、论道三种，分别表示三个不同的级别，其中"论道"竹叶青茶为至尊。在竹叶青多个知名品牌中，"论道"作为顶级绿茶，将中国传统茶文化纳入自身精髓，其层层历练的大师级珍稀品质，令"论道"竹叶青从TOP MARQUES世界奢侈品展一直走到摩纳哥亲王手中；从极度稀少的自然之物变成赠送俄罗斯总统普京的国家礼品；从世博会昆宴指定用茶到登上达沃斯经济论坛的舞台……"论道"茶香四溢，享誉国内外。

作为茶文化的先行者，"论道"竹叶青以茶启智，凝聚着中国几千年茶文化的精粹，诠释出中国茶道的极致韵味。民族的才是世界的。传承纳新，兼容并蓄，是"论道"竹叶青稳驻顶级品牌的从容姿态。

这是世界第一个集普洱茶种植、生产、营销、文化、旅游、科研为一体的柏联普洱茶庄园。

柏联普洱，醇香如酒

文 / 邓赟　图 / 品牌 提供

喜欢葡萄酒的人都知道，最好的葡萄酒，一定走酒庄的概念，即种植、酿造、发酵、装瓶等全部过程都在一个庄园内完成。而柏联普洱茶庄园则是按照此模式打造的一个茶庄园，这在全世界范围来说，也是首屈一指。

茶庄园的传说

位于云南澜沧县惠民乡的景迈山，最高海拔1662米，最低海拔1100米，是极为稀少的热带雨林中的茶区，逾两万亩的古茶园已有1000多年的历史，是普洱茶区中最美的一座茶山。茶山清秀俊美，茶叶自然闻名遐迩。1950年新中国成立一周年时，当地的布朗族头人岩洒就专门选择了景迈茶送给毛主席。2001年江泽民主席在亚太经合组织会议上送给各国首脑的礼品中也有景迈茶。云南柏联集团充分认识到这一区域拥有绿色生态环境、有机食品生产条件等优良资源，经过一次次的策划论证，在2007年4月8日，正式进军普洱茶产业，引入法国葡萄酒庄园模式，与普洱市政府联手打造了"世界第一普洱茶庄园"。

柏联在庄园里设计了茶园、茶山寨、制茶坊、储茶仓、茶道馆、茶博物馆、茶禅合一、景迈雨林会所8个保护和开发项目，形成普洱茶文化的展示和体验景区，创造了一座集后现代建筑美感和傣式民族特色为一体的"茶园里长出来的制茶坊"经典。

品质是品牌的根基。为彻底改变人们普遍认为普洱茶生产门槛低、技术含量低和品质不高的旧观念，树立柏联普洱百年经典的品牌精神，"从茶园到茶杯"，柏联集团确保产品品质上乘。在茶叶生产硬件设施上，柏联坚持建设一流的现代化茶叶加工厂房，购入先进的制茶设备，提升现代化制茶水平，从根本上突破了传统普洱茶生产加工的模式。

当茶叶成为品牌

景迈山是柏联普洱茶庄园的独有茶来源。在茶叶基地的种植管理上，柏联坚持茶园生态化和原料有机化，按照优质、生态、安全的原则，规范发展和扩大庄园无公害、绿色、有机茶

柏联普洱的茶师在泡茶

茶汤的色泽、透明度是考校一种茶好坏的重要指标。

园，大面积套种对茶树有益的香樟树等树种，有计划放养茶树，形成疏林生态茶园，恢复茶园生物的多样性。严格茶园施肥、施药管理，保证茶原料的有机品质要求。

在茶叶生产加工上，坚持标准化和清洁化。从鲜叶的采摘、运输到加工生产，每一道工序和环节都按照QS规范要求，更有严格的技术控制操作标准。先进的茶机设备保证了茶叶自进入车间，全程生产清洁化；茶品生产管理从初制到精制实行身份批次、可追溯、电脑化管理；在产品开发上，坚持品质和口感的一致性。注重和实行茶叶品质分析和拼配的标准化，每一批次生产加工的产品都能做到稳定、口感如一。如今，柏联普洱拥有典藏、特种、经典、景迈香等21大系列、233个品种，产品远销欧美市场。

不仅在茶的品质上做到精益求精，柏联普洱在产品包装设计上，也坚持个性化和品牌标准化。邀请爱马仕设计团队包装普洱茶，把云南民族元素特别是景迈山的土壤、石头、弹石路、茶园、建筑、民俗、服饰等元素融入其中，体现了普洱少数民族特有的风情。柏联普洱的包装，注入了更多的时尚、文化的元素，真正体现了一个大品牌的内涵和文化价值。

住
zhu

谈笑有鸿儒,往来无白丁。《陋室铭》刘禹锡

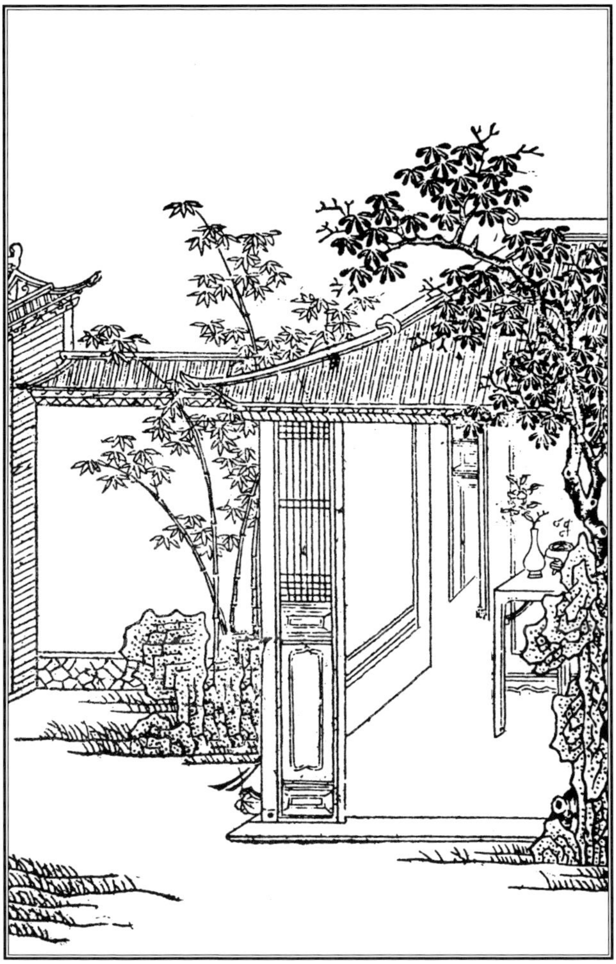

中国精品 | 美好生活 | 住 - 春在

"中国漫长的居家用品历史上留存下无穷丰富的传统手工艺，我们择取其中最为经典的部分，在当代生活中加以演绎。"

春在，当代中式精致居家设计

文 / 林申　图 / 品牌 提供

2004年在上海成立的"春在"品牌，创始人陈仁毅希冀其能够将历史上那些美好的居家生活器物，尤其是它们所包含的文化底蕴、所营造的人文氛围，介绍到当下的生活之中。

诞生上海

2004年，陈仁毅毅然将他的家具生产基地从"制造天堂"广东迁到"创意之都"上海。这不仅仅是工厂位置的迁移，更重要的是一种生产方式的"洗心革面"和品牌理念的"乾坤大挪移"。在这座现代文化与中国传统不断撞击的城市，诞生了"春在"品牌。

回想当年，陈仁毅觉得从广东到上海是很自然的，"当时的生产导向的方式已经过时了，我们需要创意和品牌。整个过程中，我很享受其中。"的确，在广州的时候，他就渐渐体会到，单纯的"创造"不是发展的长久之计，应当走高附加值的"创意"之路，而且是扎根中国传统文化的创意产业。

如今的"春在"在世界家具领域已经小有名气——在巴黎、北京、上海、台北"春在"有四家店面，《华尔街日报》的美国记者从广东找到北京再到上海，选择"春在"作为代表中国当代家居创意的唯一报道对象。

对陈仁毅来说，"春在"收到的每一张订单都像是一个奖项。他透露，"春在"的忠实顾客包括传媒业巨头默多克、艺术家曾梵志、音乐家谭盾等。"谭盾有一次看到一个折叠式的活动便携书架，是'春在'以中国文人赴京赶考为灵感设计出来的，他惊为上品，大叫，'这

中国精品 | 美好生活 | 住－春在

春在在中国传统文化与现代生活间找到平衡。

个太好了！做大一点儿就是谱架！'他希望在全球巡回演出的时候带着我们的谱架。"

融贯中式文化

其实，"春在"家具的设计是把陈仁毅自己的喜好融贯其中。他解释道，"我们并不只在买卖家具，我们经营的其实是文化；文化创意产业跟中国历史背景结合不是那么简单，需要长时间累积对于文化的认识与浸淫。因为我有20多年的艺术品收藏经验，所以在中国文化里汲取了很多养分。"

陈仁毅一直在寻找中国传统文化与现代生活完美的平衡点，以至于文化创意在结合产品设计时，能自然释放出来。他说："中国漫长的居家用品历史上留存下无穷丰富的传统手工艺，我们择取其中最为经典的部分，在当代生活中加以演绎。一切从选料开始，经过开料、打磨等工序，以榫卯结构制成，再以漆绘、雕刻等工艺，赋予它们美好的形态……"

陈仁毅表示，以手工见长的"春在"每年春季推出简约纯色家具，秋季推出装饰风格的家具。"这种模式不一定对，但是也行之有年。中国精品不必自作聪明用自己的方式来推广，可以借鉴西方精品的操作模式来运营操作。我们发布的不是流行元素，只是品牌的精神。精神生活在未来中国是非常重要的，我们做家具只想把'精神'两个字放进去。"

---

www.chunzaidesign.com
上海市长宁区愚园路1107一号楼102室(总部)
Tel:(86)21 3430 7266
Fax:(86)21 3430 7265

上海市闵行区放鹤路1780号
Tel:(86)21 3430 6117
Fax:(86)21 3430 7966

台北市信义区松高路11号6楼 诚品六楼
Tel:(886)2 2708 8689

巴黎
Centre d'activité de l'Ourcq 100,av du Général Leclerc 93692 Pantin, FRANCE
Tel:(33)4844 2610
Fax:(33)4844 2542

北京朝阳区酒仙路4号大山子艺术区751动力广场西楼B1
Tel:(8610)84599655
Fax:(8610)84599677

| 中国精品 | 美好生活 | 住－永琦紫檀 |

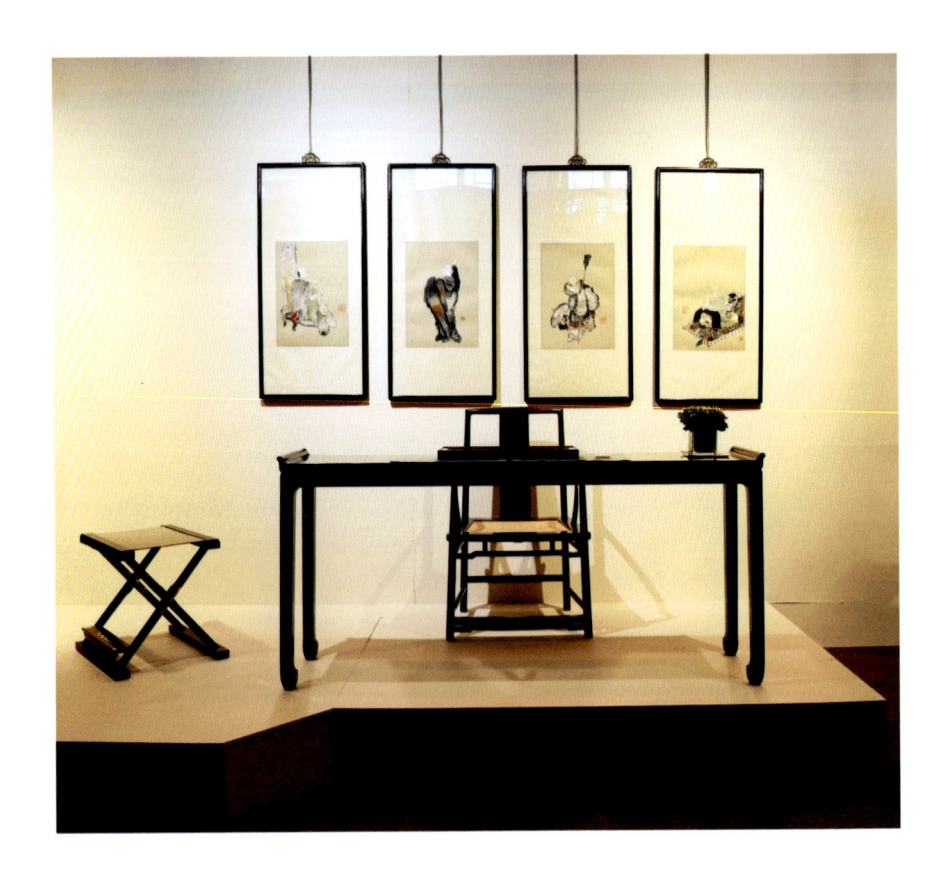

"中国漫长的居家用品历史上留存下无穷丰富的传统手工艺，我们择取其中最为经典的部分，在当代生活中加以演绎。"

永琦紫檀，中国传统的复兴和传承

文 / Tina 图 / 品牌 提供

永琦紫檀既保留了中国传统家具沉雄稳健、奔放纵逸的诗性，又延续了疏淡简括、神气迥出的东方式造物境界，开创了中国当代家具设计以新技术友好承载传统精神的先河。

紫檀的回归

中国人历来认为紫色为祥瑞之色，紫檀木色呈深紫，历来为帝王将相、文人雅士所珍爱，价格昂贵，居各木之首，被称为"王者之木"。紫檀木最早只用于制作些小件物，到了明晚期，文人发现了紫檀木的沉穆雍容之美，倍加推崇，紫檀木多制成文房用具，如镇纸、笔筒、炉、瓶、盒等。清代初年，紫檀木用在家具上较多，大多被制成桌椅、几架、箱柜、盒匣等。

在各种硬木中紫檀木质地最为细密，木材的分量最重，入水即沉，棕眼较小，木纹不明显，多产于热带、亚热带原始森林。紫檀木的特征主要表现为颜色呈犀牛角色泽，它的年轮纹大多是绞丝状的，尽管也有直丝的地方，但细看总有绞丝纹，纹理纤细浮动，变化无穷，尤其是它的色调深沉，显得稳重大方。

出生在木工世家的顾永琦拥有22年的木模工生涯，使他娴熟地掌握了铸造理论和机械加工理论以及养成了木模工图物交换的立体思维模式，这些都为其后研究明清家具、创立永琦紫檀打下坚实的理论基础。

20世纪90年代，顾永琦成为近代大批从国外进口紫檀第一人，并在其父南通著名木工艺人顾发遂的指导及其子顾畅的协助下，首先攻克了紫檀干裂潮胀的历史性技术难题。

永琦紫檀强调木材的质感。

"千百年来治标不治本的材性处理方法，始终未能解决因水的进出而造成的收缩开裂、膨胀变形现象，这是导致家具短寿散架、腐烂消失的关键。"1998年顾永琦开始进行对木材干燥处理的各种试验，运用铸造中的热交换理论，通过数年的艰辛研究、反复试验，投入数百万资金，损失近百吨紫檀木，经历数十次的失败，治本的材性处理方法终得以问世。

艺术风格

顾永琦多年来潜心学习和研究明清两代古典家具的结构和风格。他继承了明清家具科学的榫卯结构，却不受"经典"束缚，从力学、美学、人体工程学和造型结构学的角度重新审视"经典"，找出所谓"经典程度不同的缺陷"，对不尽合理的部分进行调整。

永琦紫檀家具风格最显著的特征就是强调木材的质感。作为创始人，顾永琦一向厌恶卖弄技巧、故弄玄虚、拼凑嫁接以及有意识的哗众取宠，所以永琦家具更是秉承了他要把时间、精良和奇绝同时沉淀的审美要求，最终使静穆、高贵蕴于一种温柔敦厚中。看过永琦家具的人会发现，这里的每一件作品都是与众不同、宛若天成的艺术品。

但同时，顾永琦不忘指出："永琦紫檀还年轻，希望更多人能够加入对于中国传统文化和工艺的复兴中来。"

永琦紫檀
江苏省南通市外环西路
0513-83521393
www.ntyqzt.com

中国精品 | 美好生活 | 住－景迈柏联精品酒店

景迈柏联精品酒店，热带雨林的神奇乐土

文 / 沈郁　图 / 品牌 提供

柏联精品酒店品牌喜欢将目光对准一些远离城市的优美景区，将当地传统及文化与酒店的各方面服务进行完美结合，茶文化的引入则是云南柏联酒店在中国文化挖掘中的又一特色。

景迈柏联精品酒店位于云南普洱市澜沧县景迈山中，这里是中国西南边陲普洱市和西双版纳的交界处，有美丽、富饶、神奇的拉祜澜沧，也有景迈山云雾缭绕间的千年万亩古茶园。2000多年前，这里的原住民就开始了茶叶的种植，在这片富饶天堂留下深厚的文化遗产，使这里成为世界茶源、普洱茶都，并发展成为中国最大的产茶区。

景迈柏联精品酒店，毗邻柏联茶庄园10分钟步行路程。"为什么我做茶？我觉得我们中国，说到中国，可能文化的东西、茶、瓷器这些都代表中国文化。"刘湘云谈起当初选择在这里建造酒店的原因，也正是出于对于传统中国文化的尊重与保护，她希望可以像保护其他自然资源那样保护茶。酒店在设计规划之初，就十分重视生态的保护，不但保留了原生茶树，还将当地的植被与建筑巧妙融合，成为一道和谐的自然景观。设计师以当地独有的干栏式建筑风格为原型，融入柏联品牌的雅致和度假酒店的休闲韵味，充分利用坡地角度确保植被日照，营造出楼上是建筑主体楼下就是茶园、花园的生态景观，客人一开窗，即是漫山遍野的茶林。

除此之外，景迈山四季如春的亚热带季风气候、多样性的动植物种类以及当地茶农以茶为养、自给自足的农耕经济，也为景迈柏联精品酒店提供了一个丰沛的天然有机食材库。这里使用云南当地原材料与普洱茶相结合的有机茶餐，营养丰富、健康、卡路里低，是不可多得的上等美食。当客人来到这里，所感受到的是真正的原生态，这也正是精品论坛所强调的另一个发展要素——精品酒店不能仅仅局限于消费活动，而是要保护和传承当地文化，让旅游不再变成一种打扰，深入原汁原味的自然生活当中。

中国精品 | 美好生活 | 住 – 昆明柏联精品酒店

昆明柏联精品酒店，高原湖畔的四季天堂

文 / 沈郁　图 / 品牌 提供

昆明柏联精品酒店位于高原湖畔，阳宗海之湖光天色近在咫尺，四季如春，多样的温泉以及湿地SPA的天然景致，浪漫且有情趣。

"在整个温泉酒店中，最重要的是把中国的文化融到酒店中。特别是在我们把什么样的中国文化，例如茶文化，和中医SPA的一些养生文化融合在一起，正是这些让柏联酒店有了自己的核心价值与灵魂。"柏联酒店的创始人刘湘云在向我们介绍昆明柏联酒店的特色，更是各地柏联酒店在设计建造中都秉承的原则。

昆明柏联精品酒店位于高原阳宗海湖畔，依山傍水而建，可尽览阳宗海高原湖泊山水相依的美景。酒店距离昆明机场40公里，约45分钟车程。整座酒店犹如一个浑然天成的热带花园，树木茂盛、花草繁杂，苍翠满目。设计师巧妙地将每栋建筑与美景之间各自的特征与气质进行融合，以大自然的天地灵气，退去建筑本身的雕琢之感，呈现出精致质朴的美感，而不同的风景又为每栋建筑带来了不同的视觉观感。连接各栋别墅之间的小径被郁郁葱葱的密林包裹，别墅各自独立而居，在植物和建筑构筑成的天然视觉屏障掩映下，空间感与私密性俱佳。

对精品行业而言，追求最高的品质可以说是一个永恒的目标，为了更好地突出温泉疗养的功用，柏联集团在SPA方面也下了非常大的功夫。他们甚至有一个专门的SPA学院来培养人才，将中医养生文化和西方的一些放松、香熏疗法融合在一起，给客人带来非常到位的各项服务。如此这般煞费苦心，不禁让人想起柏联集团董事长刘湘云在精品论坛中的发言，为了开发一个普洱茶项目，柏联可以进行两年的准备，或者有时候酒店可能没有一个客人，但都会把每一个房间的香熏蜡烛点上。时刻用最好的状态和最佳的准备来为客人进行服务，要把酒店做成精品，其实还真不容易！

中国精品 | 美好生活 | 住－重庆柏联精品酒店

重庆柏联精品酒店，与自然共生的温泉度假花园

文 / 沈郁　图 / 品牌 提供

在每一家位于不同城市的柏联精品酒店里，都能感受到柏联品牌的独到眼光。酒店建筑融合了当地环境和文化，最大程度地传承了地域的经典特色。重庆柏联酒店则是将中式温泉发挥到极致。

在本次精品论坛的讨论过程中，与会嘉宾几乎都提出了一个重要的问题：发展精品品牌应该注重文化的附加价值。奢侈品在中国具有非常悠久的历史，一直以来都为当时的达官显贵所推崇。可是到了现代，人们习惯于把文化和物质分开来看待，忽视了精神和物质之间密不可分的关系。许多富丽堂皇的酒店尽管消费很高，但缺乏对文化的发掘和注重，这就是柏联精品酒店有别于一般高级酒店的原因之一。

"正是看中了我们对于传统中国文化的尊重与传承，我们才能在这座温泉城市建造起今天大家可以享受的独一无二的温泉酒店。"刘湘云说道。以重庆柏联精品酒店为例，这间沿嘉陵江岸陡峭山势而建的酒店位于历史悠久的北碚温泉公园内，面朝嘉陵江，背依缙云山森林公园，与一千六百年历史的温泉古寺毗邻，是中国温泉文化的发源地之一。酒店以自然森林为背景，大堂位于台顶，一条22米的木质长桥与入口相连。缓步桥上，雄伟的嘉陵江和重峦叠嶂的缙云山美景尽收眼底，还能远远观赏到小三峡奇景。

许多具有历史人文价值的珍贵老建筑，经酒店一一修复并赋予全新功能之后，焕发出另一派生机和活力。以建成于1930年的数帆楼为例，周恩来、朱德、董必武、刘伯承等共产党领导人和蒋介石等国民党政要都曾下榻于此，黄炎培更有诗云："数帆楼外数风帆，峡过观音见两三。未必中有名利客，清幽我亦泛烟岚。"如今，这里收藏了很多高品质的红酒和雪茄，是酒店的红酒窖，又名石头吧。

如此一来，自然景观和历史文化与酒店有了紧密的结合，在休闲放松的时候，能够同时品味古今风貌，再配合柏联精品酒店开发的温泉SPA疗养服务，一趟普通的度假之旅也成为了有所收获的文化探寻。而柏联集团对历史的保护也已经在中国成为一种典范，当时建造酒店的时候，没有交通工具和车子可以运输施工材料，于是靠人工一点一点挑进去，保护了原有的自然景观。而14棵参天古树作为见证，在让今人充分领略古早奇景的同时，也不禁深深感叹柏联集团为打造一流精品酒店所付出的种种努力。

重庆柏联，www.brilliantcq.com

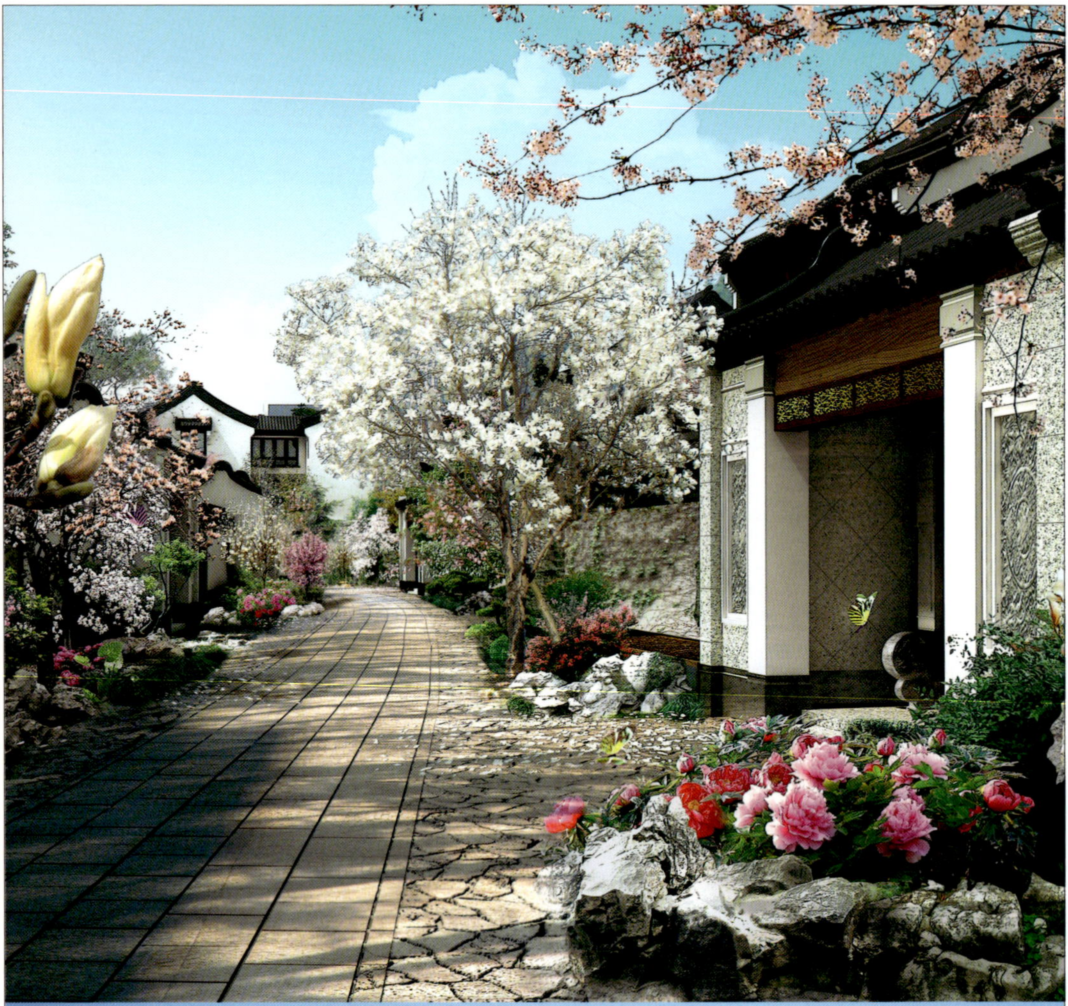
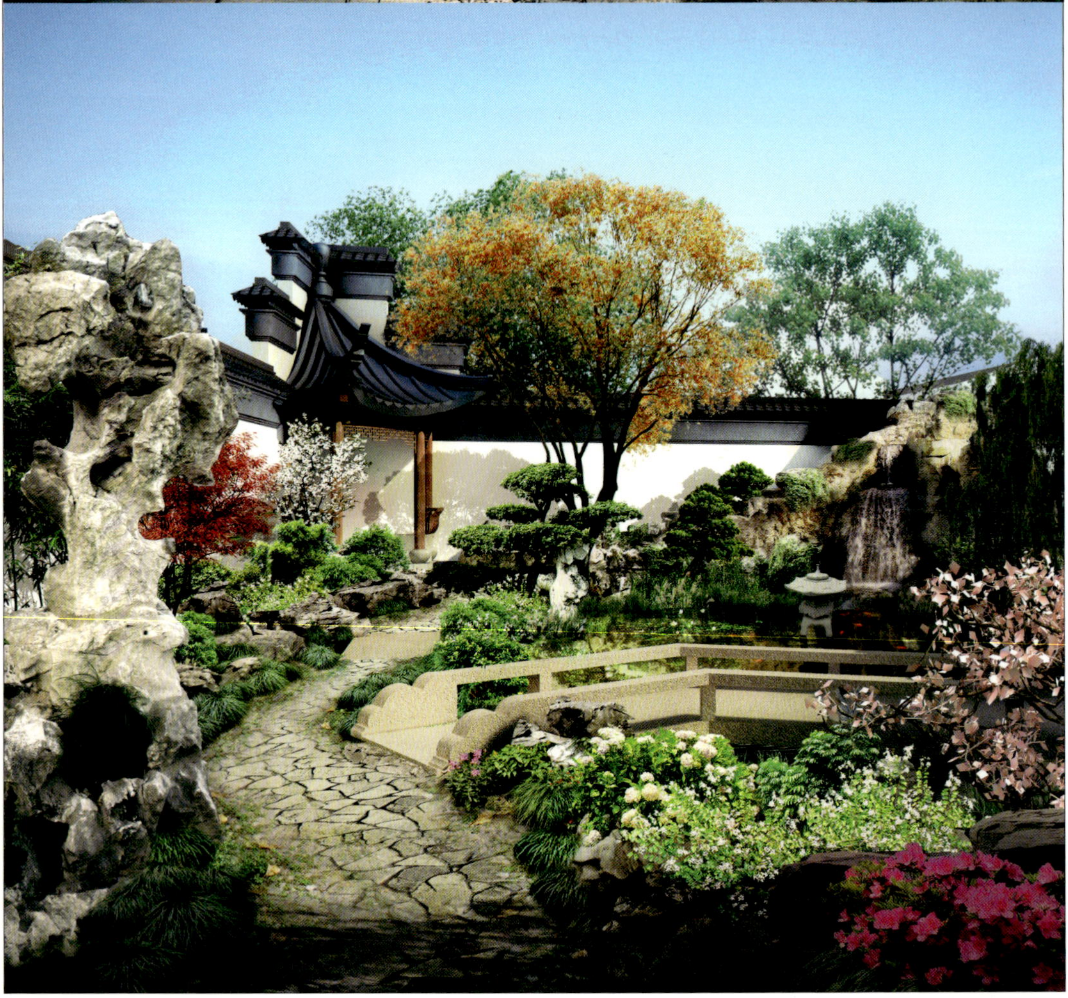

苏州拙政别墅，与世界文化遗产为邻

文 / 小丁 图 / 品牌 提供

中国悠久的历史为奢侈豪宅的缔造者和拥有者提供了创造和收藏的良好契机，与苏州拙政园仅一墙之隔的原创苏式园林大宅"拙政别墅"的出现，又为此添上浓重的一笔佐证。

在探究何为"中国精品"期间，我们不禁发现中国人对于家的理解，对于房子需求的独特之处。很多对于生活品质的追求，最初都是落在了"家"以及"家"这一概念的载体上——房子。从皇宫大院，到普通民宅，无不体现每个阶层对于家的理解，以及对美好生活的向往。拙政园作为古人对于"家"这一概念最完美的诠释，它既是古人的家，也成为了园林中的精品被列为"世界文化遗产"。与它一墙之隔的拙政别墅则是现代人在古人的基础上对于家、对于房子的全新演绎，毫无疑问具备成为"中国精品"的条件和内涵。

苏州，自古物华天宝、人杰地灵。苏州园林早已被纳入世界文化遗产名录。拙政园，作为"中国园林之母"，早已成为苏州文化最高境界的标志。据了解，拙政园建于明朝，御史王献臣拓建成园，距今已500多年。拙政别墅能够在拙政园缩减前基址之上惊艳亮相，正是由于其建筑标准早已升格为美学追求，其规划经过了苏州市、江苏省、国家文物局三级文物局报批。与拙政园和拙政别墅毗邻的只有苏州博物馆、忠王府和苏州园林博物馆，其稀缺性不言而喻。

为拙政别墅领衔督造的是皇家园林建筑的缔造者、非物质文化传承人香山帮大师。在拙政别墅中，他们将口耳相传、几近绝迹的技艺发挥至极致。譬如，拙政别墅的外立面选用了罕见石材"金山石"，其石晶粒紧密，质地坚硬，不易风化，经风吹雨淋后表面纹理越加清晰，色泽柔和，是传统古建筑最佳石材用料。又譬如，建筑中的"男堂女厅"设计，首创当今别墅之女性空间，其意彰显男主人主外之威仪，女主人主内之淑德。尊礼重序，古意今扬。依据规划，拙政别墅为原创苏式园林大宅，纯独栋别墅社区，单体建筑面积660~4000平方米。

当今世界仿制的古董建筑已不再稀奇，必须做东西融汇，古今贯通，方能打造出令人耳目一新的作品。源此理念的指引，拙政别墅同样力求实现现代人居最高标准，双门厅、双客厅、双厨房；其套间卧室，兼顾尊贵与方便；多院数庭，尽收自然阳光；主人服务流线分开有序，定礼主次，各有天地而井然；健身、泳池、SPA、书房、视听、茶室、酒窖齐全；每户预留私家车位数量达4至9个，全家人无忧出行。

作为一座现代化的中等规模的文明城市，"不求最大，只求最佳"已成为苏州城市发展的定位和取向。而这个"最佳"承载着苏州2500年的历史文化所积淀的"城市智慧"。"小桥流水、粉墙黛瓦、古迹名园"的独特风貌，使苏州呈现闻名遐迩、令世人心生向往的精致城景。而拙政别墅的出现，将使居享苏式园林大宅的境界之美发挥到极致。

中国精品 | 美好生活 | 住－健一公馆

"中国文化是世界上时尚而又独特的文化。"

健一公馆
地址：朝阳区八里庄红领巾公园西园朝阳绿化局院内
电话：010-51398739

健一公馆，中国古典建筑之美

文 / 林申　图 / 品牌 提供

做过拍卖、搞过建筑，还学过国画的康健一不喜欢称自己为商人，尽管他打造的健一公馆几乎是在商业上最成功的中式高端会所之一。健一公馆凝聚更多的，是康健一心中对文化传承的责任感。

古典之美

康健一醉心于历史，爱好收藏。在他的藏品中，价值不菲的古董字画不在少数。当人们走进健一公馆，第一感觉就好像是走进了一座历史博物馆，浓厚的中国古典之美让人醉心于此。耗资3亿的健一公馆在北京市红领巾公园内置地56000平方米，将传统宫廷的气势复现。金黄和朱红，东方风情贯穿于公馆的每个设计细节中。

康健一将自己的收藏品也放在健一公馆与所有前来此处的人分享，正如大厅内墙上的"龙袍"藏品，就是清朝皇帝的常服，已有200多年的历史。就连普通的一幅绣品都是来自清朝的宫绣，更别提随处可见的健一先生最爱收藏的"门"，分别是从山西大院、皖南民居、岭南民居收购而来，而被称为门中之门的一扇看似普通的百年老门，竟然也是花费5万元从山西大院高价收购而来。

康健一说："中国的文化博大精深，虽然我从小醉心于其中，但理解的也只不过是一些皮毛而已，它古老、广博、深邃，但随着时代的变迁也融入了一些新的元素，这让中国文化成为了世界上时尚而又独特的文化。我热爱中国文化，又懂一些建筑，所以我要以建筑的形式把它呈现出来，将来还要把健一公馆推广到世界其他国家，让更多的人了解中国古典建筑之美。"

不可复制

尽管会所本身是舶来品，康健一指出，其实中国自古就有了会所的概念，只不过是以会馆的形式存在。而几百年来，会所业经历了从诞生到转型、从消退到革新，每一步都暗含着时代的印记：明清时期，各省在京师纷建会馆成为时尚，多达500余处。当时的会馆分试馆和同乡馆以及行业馆，多半不以营利为目的，跟很多现代的商业会所不同。

而在健一公馆创建之初，北京并没有传统文化这么浓郁的高端会所，康健一坦言当时没想太多，纯粹就是要做自己喜欢的事，但只有一点标准确认："首先，这不应该是由外国人做的所谓中国项目，这应该是很极致的中国文化的集中体现，必须由中国人才能做出那种文明沉淀的感觉。"

康健一说："健一公馆从功能上来说，并不比真正的五星级酒店少，而且更是具有几大特色功能，令其他酒店无法与之相比。第一便是餐饮，健一公馆的餐饮规模很大，中餐水准非常高；第二就是环境，健一公馆的环境是不可复制的，在城市中能有这样一个建筑，它的珍贵性是不言而喻的；第三就是我们的硬件设施非常齐全，客人能想到的基本上健一公馆都可以提供给你；第四就是文化氛围。"

在谈到健一公馆的未来发展时，康健一信心十足地说："健一公馆的成功让我更坚定了把这个品牌推向海外的决心，而且中国的元素不会改变，只会在这个基础上再发展，就像中国的发展一样。"

| 中国精品 | 美好生活 | 住－上海涵璧湾中式别墅 |

涵璧湾真正地将江南设计元素符号深植于其中，无论是地点以及整体设计，都体现着最传统的江南建筑风格，还原一处江南之家。

涵璧湾，www.thebay.com.cn

上海涵璧湾中式别墅，传承江南水乡之家

文 / 小丁 图 / 品牌 提供

江南建筑独成一派，江南园林更是名声在外，无数古人、贤人雅士都乐于居于江南风格的亭台楼阁之间。继承了江南建筑风格与现代化设施，白鹭湖上的涵璧湾无疑让你体会更多江南的清新淡雅。

黑白灰色调、斜坡屋顶、高窗、乌头墙、回廊、内庭、枕木、鹅卵石，这些都是传统江南建筑的基本元素，也是自古以来生活在这方水土的人最熟悉的元素。谁都有过穿行在回廊、走在鹅卵石之上、在后门的小河边嬉戏的记忆，那是对于家的最简单的回忆。在经历经济迅速发展与海外文化的入侵后，越来越多的传统文化流失，大家都住进了规格化的高楼里，儿时的回忆逐渐丧失。人们逐渐开始寻找属于中国人、属于江南水乡的家。江南建筑元素在主流别墅中并不多见，现代中式别墅涵璧湾真正地将这些符号深植于其中，无论是地点以及整体设计，都体现着最传统的江南建筑风格，还原一处江南之家。

在与淀山湖水脉相连的白鹭湖上，40万平方米的封闭水域上天然形成了13座大小不一的岛屿。在这里，原生水系、天然植被与不规则的岛屿浑然一体，景观界面丰富纯粹。涵璧湾将其囊为私家内湖，秉承了自古以来中国建筑与水为邻的理念，却又保留了白鹭湖的清澈与淡泊，将水之灵动彻底释放。

与环境的融合是建筑缔造的一大难题，为了完美地解决这个难题，涵璧湾组织了一个堪称华丽的设计团队：中国当代建筑师张永和、MIT建筑学院院长Santos和世界领先的景观设计公司SWA Group。在经历了12次反复规划设计之后，涵璧湾令人惊艳的设计方案得以出现——方案中保留了白鹭湖现有的原生状态，并根据不同岛屿的形状，形成每栋别墅依水而建、错落有致的效果。

当然，除了景观和建筑上的良苦用心，涵璧湾绝没有忽略实际的居住需求，开发团队同样为此做出了缜密的思考。比如业主进门是先脱鞋还是先脱外套，比如女业主对于停车空间的需求等。设计团队将人性关怀倾注在了涵璧湾的各个细节之上，而科技与建筑的有机融合更让涵璧湾有了成为终极居所的可能。

在涵璧湾向东北方向遥望，上海的都市盛景隐没于水雾之间。与都市的间离之感，恰好与追求隐逸的高端人士在精神上有了些许暗合，涵璧湾的开发者敏锐地抓住了成功人士的这一心理需求，表明其细致的观察力和前瞻性。涵璧湾给了当代新贵一个难得的机遇，在彰显身份的同时，也表达了其人生感悟和美学沉思。

从发展的长远眼光看，中国的精品消费，正从炫耀性动机向自我实现、自我价值体现的动机发展和倾斜。涵璧湾通过建筑表达了居者对于人生进退、取舍、得失的理解，是一种天人合一的精神奢华。

人物

他们的中国精品之旅

中国精品品牌的背后，是诸多持久付出心力之人物，他们的身份或许不同（品牌创始人、手工艺人、设计师、消费者、品牌规划师、营运人、投资商……），却有着与天意品牌创始人梁子同样的心声：『这十多年来，我一直沉浸在这种发自内心的幸福与满足之中。无论在设计过程中，还是将设计成的时装穿在身上，心似乎都能一下子离开那一直困扰着我们的、因人向自然过度而不当索取所致的紧张困境中，来到另一种人和自然彼此放松的境界。「我看青山多妩媚，料青山看我应如是。」』

于丹对中国精品有独到见解。

于丹，品不落相

文 / 康尽欢　摄影 / 梅乐　场地提供 / 健一公馆

解读众多中国经典古籍，不断游走于中国山水之间，于丹对于中国精品的感触，真实而又充满情怀。

中国式写意

对于名望，每个人有不同的理解方式，而当与于丹接触的时候，能重新感受到往昔文人的气息，细致、温和、充满热爱之心。和这样的人谈文字、谈文化，用言语抚慰千年的文字往昔，是种快意。

"任何一个民族都会有一些符号和图腾，在我看来就是你看到就能够想到很中国的东西，其实是一种中国式的写意。"于丹这样诠释自己对于中国精品的理解。

喜欢中国的瓷器，也许是因为喜欢中国瓷器上的那种典雅，喜欢创作者在烧制时的那种用心。烧汝窑就要烧一个雨过天青色，这种物与知之间跳跃的联系，充满了美感。

中国精品的本质，不是这件器物的制造方式，首先直指的是一种意境。今天，可以用化学原料调制出各种东西，但是，你若要的是一个雨过天青那样的感受，最终还是要用心。中国瓷器在烧制过程中的窑变，你永远不知道它出来的时候是什么样子的，一瞬间的那种绽放，让你的心在接受它的时候，你就会觉得这才是生活。

于丹喜欢把本质的美感，用容易理解的情怀来描述，在一间中式古雅气息十足的会馆与她清谈，"精品"二字的那种仿佛要登峰造极的质感压力，也降低了许多。当代的中国精品，在于丹看来，已经不再是士大夫专有的奢侈。

"我们站在今天来讨论中国精品，我希望我们不再回到士大夫阶层去讨论，所有中国文化的基因和符号，在今天，都是能被每一个普通人去触摸和分享的。"

精品有形

中国精品本身就是有形的，蕴藏在器物之中，并不是说一定要仿红木的中式家具，才是中国精品，中式家具的最根本形态，是一种平衡的美，四平八稳，是对称的，一定是那种有规矩的造型，体现一种雍容大气。器物、家具都是人安顿心的一个环境。

环顾我们所在的房间，那种平稳祥和的布局，中式家具的构造，的确给人一种平稳的环境感。正如于丹所说，中国的历史，是不断在展示祥和之美，传神达韵，体现一种人跟自然环境深刻的融合，在一种天高地阔的气场中，人的诗意安顿。

"我觉得这是中国精品的魂魄。中国人写意而不写形，中国人画的画都不讲结构的透视关系，它不是一种物理意义上的还原，而是一种心灵境界。一切的感受是人的内心散发出来

于丹认为中国精品是一种情怀。

的。所以，中国精品，不需要制定指标，那种按条索引的精品生活，在佛家中就叫落相，中国精品的生活方式永远没有标准答案，却时刻弥漫在我们的生活之中。"

中国精品，不需着相，当你见到一个老人，能对他微微地鞠个躬，让他一步路的时候，这就是中国情怀。

当你像于丹一样，愿意选择一个安静的下午，慢慢饮一杯茶，看着天边的云起云落，慢慢欣赏墙上的一幅字画，这就是中国情怀，让心灵在意境的山水中游走。

"你走在山水之间，你有中国人的宇宙观，在水阔山长中，看见了时光，那一两句诗意浮现在你的心头，这一切不必特别地刻意，只要内心有一点儿情怀。"

一种情怀

其实于丹并不提倡给中国精品下一个固定的概念："不着相是佛家最高的境界，精品也当如此。"精品是心里的一种精致与在乎，是一个人可以忙但是忙而不乱，是一个人由于内心没有那么多的焦虑而拥有的一种典雅，所有的这些东西是超越于物质之上的，是一种情怀，中国精品也是一种情怀。

"这些是中国精品的神韵，里面有一种雍容大气。中国的历史传神达韵的是这样一种人的自由，人跟自然环境深刻地融合，这种因果的循环和在这样一个天高地阔的气场中人的中意安顿，我觉得这是中国精品的魂魄。"

这种精髓魂魄，体现在中国式的日常生活中。于丹描绘出一幅幅寻常而又富有意境的生活画面：举手之间你选择了一种简约和朴素，你选择了中国式环保的、可节约的生活；中国戏曲的节奏，是让人一板三眼可以慢下来的；中国品茶的节奏，你可以在一泡茶里面看它的前世今生；你也许是选择一种中国式的锻炼方式，你可能是全身经络都运动起来的，而不是一种局部的。这都是中国式的精品生活。

谈到当下常见的国际大品牌设计中运用中国元素，于丹表示并不提倡全面复古，那会是一种倒退，但却赞同把元素用在现代的生活格局中来画龙点睛。

"不要呆板地、僵死地去复古，外在的东西全方面地复古是不好的。其实你看现在很多简约的家具里面会有中式的元素，非常时尚的现代服装可能会有中式的元素，包括很多音乐家都有中国风的系列，我觉得所有把中国元素用好来激活时尚的品牌都是成功的。"

马未都，重建精品之源

文 / 赵瑞印

"致虚极，守静笃，万物并作，吾以观复。"这句话来自老子《道德经》第16章，也是马未都建立的观复博物馆名称的由来。它的含义是达到虚空的极点，安住于甚深的禅定之中；宇宙万物相互运作生长，我们得以观察到它们的本根源头。马未都希望能够借由观复博物馆，寻根溯源，发现并传播中国精品文化的精髓。

引导公众兴趣

办博物馆本来是国家的事情，而马未都却以个人之力承担重任，建立了观复博物馆。回忆起当年办博物馆的历程，马未都坦言："刚开始筹办观复博物馆时，是考虑社会对高品质博物馆有需求，而且这个需求是相辅相成的，当时也很难去设想出它会为中国社会带来何种意义。"

作为新中国第一家私立博物馆，观复博物馆从1996年10月由政府批准成立以来，已经走过了16个年头。如今的观复博物馆对于马未都早已成为一种责任，是对中国文物界的责任，也是对文化传承和公众审美感知的责任。最初收藏对于马未都而言只是一个个人的兴趣，而做博物馆面对的则是公众的兴趣，所以马未都说："我必须得在个人兴趣和公众兴趣中间有一个转换。"

一个社会精品文化的塑造有赖于整体公民精品意识的提高，马未都希望观复博物馆能够起到

作为新中国第一家私立博物馆，观复博物馆从1996年10月由政府批准成立以来，已经走过了16个年头。

这样的引导和渲染作用。在观复博物馆的陶瓷馆、家具馆、门窗馆中，马未都将宋、辽、金、元、明、清时期最具代表性的瓷器，明清珍贵家具以及代表中国古代建筑的古门窗展现给公众，来唤起公众的审美认知。

中国经济发展了，消费能力也增强了，可那些揣着钱蠢蠢欲动地想要购物的人，可能并不知道什么才是真正的好东西。马未都说博物馆的价值正体现在这里："生活中最高的精品还是属于精神层面的，不是物质层面。以前大家认为改善生活的品质最主要的方面就是吃得好、穿得好，但是现在他忽然发现吃得好、穿得好不重要了，重要的是精神的享乐。当他看到古代中国人是过着一种怎样的精品生活，那种审美感知就会让他去追求更高的精神价值，来改善自己的生活品质。"

坚守精品意识

从建立观复博物馆开始，马未都就为它设定了精品路线。他不希望又建立一个非常大众化的博物馆，那只不过又在成千上万的博物馆中增加了一个而已，他更希望用精品的理念打造一个具有高品质的成熟的国际性博物馆。

作为高端博物馆，观复博物馆最直观的特点便是收费制。除了普通参观者，博物馆还采取理事及会员制，会员缴纳会费之后，可以随时来参观博物馆。虽然马未都知道中国人还不习惯享受文化的过程是需要付费的，但他说："在全国3415个博物馆里面观复博物馆是唯一收支

中国精品 | 人物 | 马未都

观复博物馆内貌。

平衡的，在没有财政拨款，没有企业支撑的情况下。这是其他的博物馆都做不到的事情，国有博物馆如果没有财政拨款的话很快它就会关门，企业的博物馆如果不是把成本计在企业里也很快就会关门。"

收费从另一个角度是对高端博物馆的评价机制。"如果博物馆做得不够好，就不会有人付费，博物馆也就不会支撑下去了。"但是观复博物馆已经走过了16年，足以说明它走在正确的道路上。支撑观复博物馆一路走下来的精品理念，当然脱离不了好的灯光、设备和环境，但更为重要的是它所提供的优质服务。为了提供优质服务，除了固定的展览，观复博物馆还会根据观众的兴趣不定期策划举办特别展览。比如1999年为配合世界建筑师大会，举办了中国古建筑门窗及陈设展，精美的展品和独特的展览设计给来自全世界的20万参观者留下了深刻的印象。马未都说这也是他这些年的思维转变，"过去博物馆的态度是我提供什么你就看什么，换句话说，将我的乐趣试图变成公众的乐趣。但现在我是反着想，以公众的乐趣作为导向。"

创造精品文化

不仅是展示精品文化，马未都和他的观复博物馆也在创造着属于自己的精品文化。从1996年的第一家观复博物馆开始，马未都已经为博物馆尝试了品牌输出，先后在杭州、厦门、哈尔滨等地开设了地方馆，并在每家地方馆都融入了具有当地特色的藏品。

观复博物馆还利用馆藏品的优势，设计开发具有博物馆特色的创意产品，涉及家居类、服饰类、办公用品类、艺术品、书籍等。比如观复博物馆曾经策划了一场名为"瓷之色"的展览，将不同颜色的瓷器排序进行展览，让人们感觉到中国彩瓷中颜色的变化。而在展览之后，马未都还以此为题出了名为《瓷之色》的书，力求将中国彩瓷的美传播得更为持久。

观复博物馆的功能外延也不仅限于创意产品的开发，2009年成立的北京观复文化基金会就是马未都的另一种探索。基金会借鉴国外古根海姆基金会、盖蒂基金会、大维德基金会这些同类艺术基金会的管理模式，致力于传播中国传统文化，支持博物馆建设，资助文物研究与保护项目，倡导"与文化共同远行"的宗旨。

马未都一直强调观复博物馆的实用性："我对个人生活要求其实很低的，但是我对社会的生活要求是很高的，所以有时候我很希望我们的精品意识强一点儿，传统的精品文化能够多散发一点儿。"

马艳丽由T台转战高级定制。

马艳丽，定制多面角色

文 / 李菁

马艳丽，作为中国本土高级定制时装品牌成功的创始人，用自己坚持不懈的执拗和自信，游刃有余地游走于多个社会角色间的转变。

摸索中前行

"我对时装的热爱从刚进模特这个行业时就产生了。"以1995年上海国际模特大赛冠军一战成名的马艳丽，并没迷失在鲜花与掌声带来的繁华与荣耀里，她选择在最光辉的时刻退隐T台，转而到大学去进修服装设计，然后开创高级定制品牌。

从舞台上光鲜靓丽备受镁光灯追捧的超级名模，到品牌发展方向的决策者、领路人，巨大的角色转变并没有想象中来得容易。在当时那个年代，中国的整个时尚产业都还处在一个萌芽的阶段。很少有人能够给予马艳丽足够的指引和经验的分享，必须也只能靠着自己一步一步的摸索而前行。

2005年马艳丽开始专注于高级定制。高雅和奢华并执，精致和繁华共存，追求手工工艺精湛细致，根据每一位顾客的不同身份、不同个性、不同需求量身定制专属其本人，并极具个人风格魅力的服装。高级时装定制特有的创新与传承，为马艳丽带来新挑战的冲动与喜悦，令

| 中国精品 | 人物 | 马艳丽 |

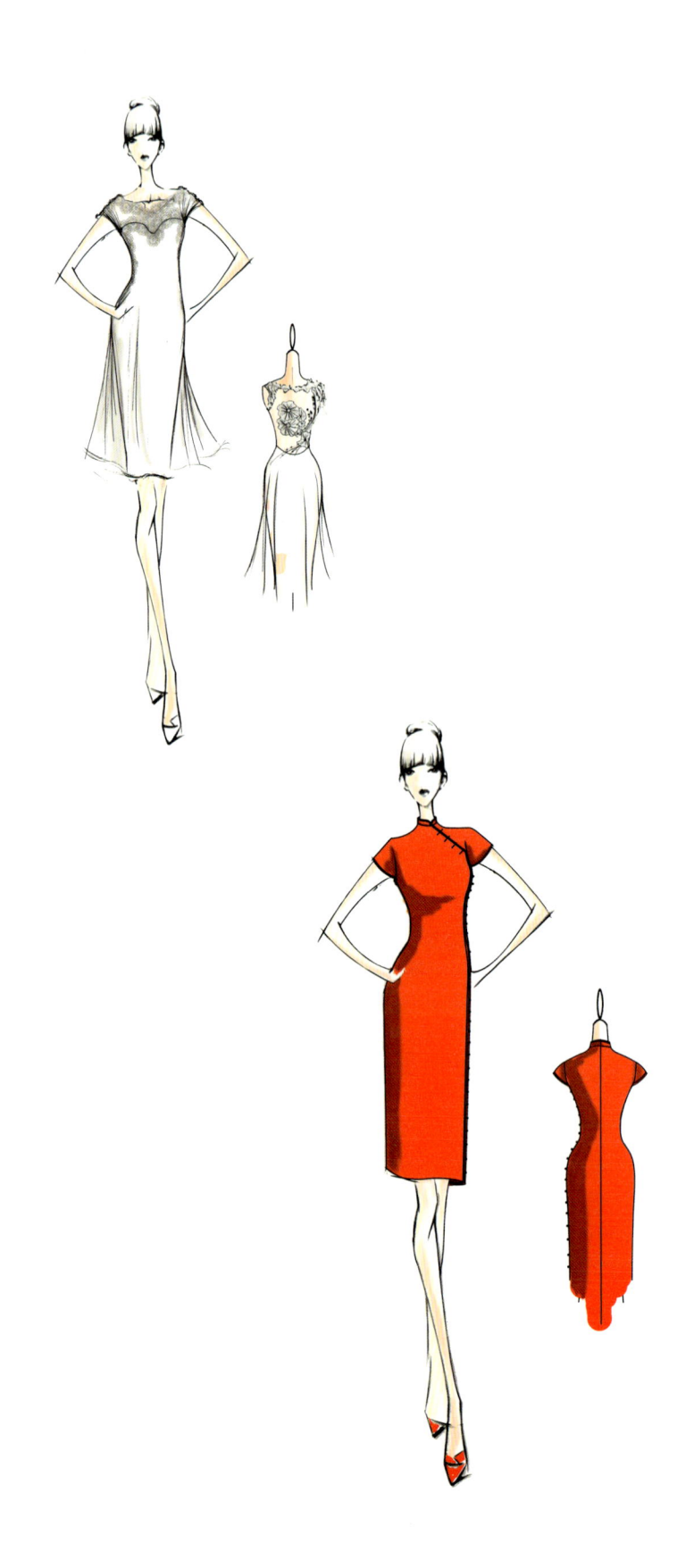

马艳丽设计草稿。

她深深沉溺其中。"一方面我需要沉淀下来去创新求变,另外一方面我希望把我传承到的传统文化的东西输出到国外去。也许我想得会更高更远,因为我的品牌才刚刚在路上。"

国际路线与中国元素

作为一个成功转型的商业精英,马艳丽在自己所经营的服装品牌Maryma的品牌建设方面有很多独到的见解。她指出,Maryma品牌在创立之初风格就十分地明显,与其他强调中国元素的本土化设计的服装品牌不同,Maryma从一开始就被定义为走高端路线的国际化品牌。在发展过程中,品牌定位略有微调,但是有很多的坚持与执着,使得它得以延续一些东西。用现代化、国际化的表现方式更好地把中国元素恰当运用,从而更好地传播到国际的舞台是马艳丽不变的信念。

作为中国人自己的高级定制品牌,中国传统的历史和文化给了马艳丽深远绵长的影响和启发。"特别是中原的文化,有很多的积淀,其实跟文化传承者的生长环境有着太大的关系。这也是我觉得很多设计师模仿西方设计却很难做到神似的原因,文化的根基并不在那边。"谈到时装设计,这位浸淫在时尚领域多年的元老级人物有着自己独到的看法。人可以通过不断地学习和积淀得以成长。我们目前生活在一个开放性包容性空前自由的社会,可以很容易地汲取到西方先进的时装理念。与一味地模仿借鉴相比,更重要的是需要把握住传统文化的精髓,去理解和思考,转化为设计师内在的东西。这样的设计是走心的,才会打动人。

"一个品牌一定有它的灵魂,有这种灵魂,它的延续性、传承的意义可能才会非常的悠久,"马艳丽这样谈到品牌的未来发展,"Maryma对我来讲也一样,我们的品牌才起步不久,我希望Maryma这个品牌,每个女人穿上去是很自信的、很独立的、很优雅的。"

马艳丽建立了服装品牌Maryma。

"要做中国的奢侈品和高级定制,必须要让外国人感受到与他们自己的高定不同的地方,这就是有中国韵味的元素。"

郭培的玫瑰坊是中国高级定制的代表品牌。

郭培，我给中国时尚做嫁衣

文 / 甘填　摄影 / 梅乐

作为中国高级定制代表品牌玫瑰坊的创始人，郭培对于中国元素有抹不去的情结。

中国人的嫁衣

郭培在接受我们采访的时候，已经距离她的"龙的故事"和"中国新娘"时装发布会只有几周时间。在玫瑰坊的工作室里，她和她的团队正在紧张地加班。郭培说："我不想在任何部分有一丝遗憾。"

嫁衣这个概念本身就是中国人自己的。嫁衣和婚纱不同，婚纱是西方的概念。女人们很多婚纱都是租借的，在穿上的那一刻，觉得自己是世界上最幸福的女人。而嫁衣则不一样，嫁衣事实上是中国新娘们的一种寄托和情结，很多母亲们穿过的嫁衣，都希望她们的女儿在结婚的时候再次穿上。郭培说这次的嫁衣展，是作为一个文化活动、中国文化的推广，为了传递传统中国女性的情感。

"一生中不管男人、女人，更重要的时刻是婚姻，这件嫁衣可以认真地对待，成为一生的奢侈品，跟价钱没有关系。我做了中国嫁衣的静态展，每件不会低于几十万、几百万，甚至几千万。我要做最美的，世界最美的中国嫁衣。"

中国自己的高级定制

这次"龙的故事"高级时装发布会，与"中国嫁衣"静态展一起，组合成了郭培"中国新娘"系列。"龙的故事"的发布延续了郭培华丽、复杂、夸张的设计风格，用现代设计手法演绎的中国传统嫁衣让人眼前一亮。而更让人感动的是，"中国新娘"系列还面向大众开放。"让很多一辈子只能通过图片、视频看设计师作品的人，有机会走到设计师的作品身边，多看两眼。"

这也是郭培对中国的高级定制的理解。

"我们提到高级定制品牌，想到的都是国外的那些皮鞋、衣服等等。在中国如何培育一个真正的高级定制品牌？我一直在考虑这个问题。也许，我心中的中国情结，和我服装中的中国元素，就是这个问题的答案——要做中国的奢侈品和高级定制，必须要让外国人感受到与他们自己的高定不同的地方，这就是有中国韵味的元素。"

我们在"中国新娘"中也看到龙、凤、牡丹、长袍、马褂、刺绣等极具中国特色的元素。郭培说："是的，我对中国元素有一种抹不去的情结。"

但是郭培对中国元素的应用并不是一成不变的。"中国高级定制和奢侈品，也是随着时代的发展而发展。"她在设计中加入了很多她自己对中国元素新的理解。例如，在一件嫁衣上，刺绣着一条郭培自己设计的龙，但是这条龙并不是我们印象中传统的那一条威严霸气的龙。

郭培将高级定制视为一种情感。

她用粉红色的丝线钩织这条龙，使之妩媚动人，又有一些妖娆。

"传统印象中，我们说女性不能穿龙上身。可是为什么？现在是当代社会了。我就是想让女性身着龙袍。但是这条龙是我印象中的龙，她妩媚、妖娆，也是中国文化的一部分。"郭培说。

高级定制是一种情感

只是这一次，是一个起点。这使郭培认识到自己的定位。"有外国人看了我的秀问我：'你知道你做的是什么？其实你做的是我们说的高级时装，不是成衣。'我好奇地问他们：'真的吗？'"

接下来几年里，从"一千零二夜"到"中国新娘"，在某种程度上，我们可以说郭培已经成为中国高级定制代名词。每一场郭培的秀上，我们都可以看见模特穿着华丽的高级定制长裙、踩着极限高跟鞋、刺绣和装饰是最复杂的、裙摆也是最大最长，细节也可以说是最华丽的。

因为简洁实穿已成为大趋势，但是郭培也要把她的设计做得极致奢华。这些也引起时尚评论界争议纷纷。这位做成衣出身的设计师，从开始做高级定制至今，在设计上从来都是"多、更多、多到不能再多"，其实追究其深刻内因，郭培所设计的这一切，都是为"美"在服务。

但是，郭培又提到了，Saint Laurent时装屋的客户总监Ludinghausen男爵夫人有一句名言，"高级定制关乎的不只是一件衣服，而是整个过程的体验。"不是每个设计师都能做到这一点。郭培为寻找修改中国嫁衣的这位客户，提供了一次完美的高级定制体验：你买的不是一套衣服，而是一种情感，一种信任。

这也许就是中国的高级定制往往最缺乏的。而郭培，她做到了。

张又旭身上有一种"真名士"的情怀。

张又旭，名表名士皆风流

文 / 秋离　摄影 / 杜伟、吕海强

张又旭（人称张爷）身上，有种淡淡的、不太容易捕捉的感觉。有人说是绅士情怀，有人说是贵族范儿，我觉得都不那么到位。解读张爷，可能比欣赏他的"千壶千砚千烟斗"更引人入胜，因为那是一种最痴迷中国精品的"是真名士自风流"。

到张爷家做过客的人都知道，可能"没地儿下脚"，因为到处都是玩意儿，而且每一样都价值不菲——雪茄、红酒、相机、紫砂壶、烟具、茶盘、烟斗、玉石、古书籍、雕花蛐蛐罐……但人们都爱去，因为张爷好客、重情，家里上好的雪茄、红酒，都是拿出来招待朋友用的。现在，他就坐在我们对面，穿着片儿鞋、T恤，用2011年冬季刚获奖的冻顶乌龙招待我们，目光很专注，声音略有点儿低，说到兴起时，会发出一阵阵爽朗的笑声。

玩儿得执着

张爷是中国最早，也是最大的名表收藏家。玩表的历史，开始于上世纪60年代，13岁的张爷，把瑞士独立制表师的工具、机器都买了回来——劳力士的专用扳子，整个北京，只有东城亨得利有一套，就这样，一玩儿就玩儿到了现在。"想懂表，要懂得理论，"张爷说，为了懂，自己会跟开表店的老师傅学维修，看了全套的天大精密计时仪器教材，"做事情讲究个执着，玩儿也一样。"

玩表，张爷最看重机芯，因为设计构思独特、加工难度大。为了"玩儿得执着"，张爷寻访世界各地、混迹于各大拍卖会，不惜重金购回世界名表大师操刀制作稀世名表的机床，尝试复原、重铸传说中的稀世名表。表玩儿到这个境界，还真不是一个极致了得。提到自己那块1100万美元的"国王的珍藏"，老爷子淡淡地说："表对我来说，只是个物件儿，不是投资，好玩儿就行。"

老北京的玩意儿

事实上，张爷更乐于被称为"玩家"。谈到玩儿，张爷的脸上不觉现出一丝得色，拉开话匣

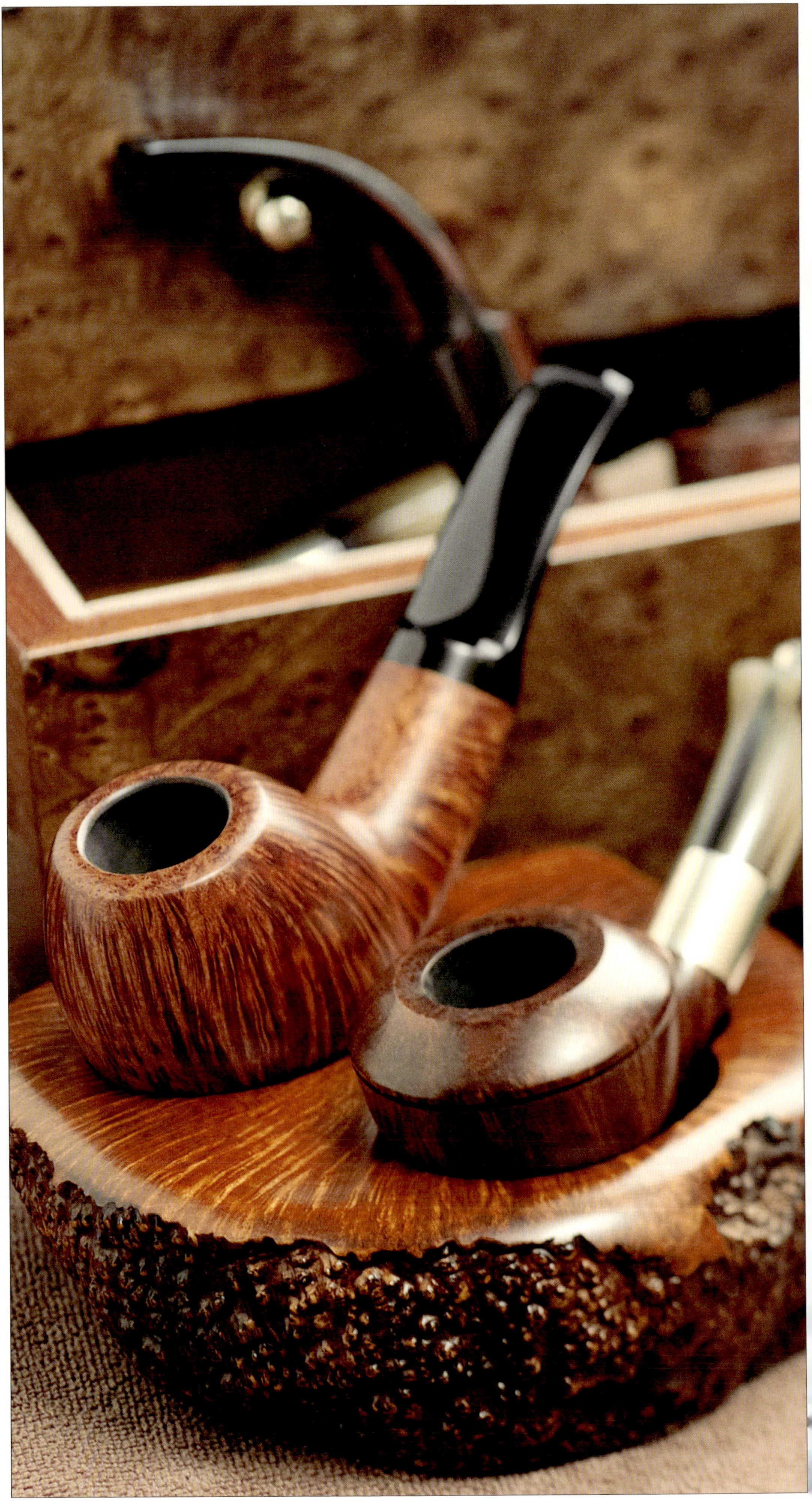

子，讲起了"伏天"的故事。据说最早玩"伏天"，是从宫里面开始，太监们闲来无事，弄一口大缸，在里面插上易活的小柳树，用纱罩好，天一热，虫儿们就会在里面"伏天"、"伏天"地叫个不停，经常能博得龙颜一悦。

"玩虫儿，讲究的是逆季节繁殖。试想一下，外面皑皑白雪，屋里虫鸣声声，岂不是一大乐事？""文革"前，张爷就是冬虫的玩家，而且，还是出了名的大买家，天津卫的人得了名贵的宝贝，通常都要先到北京来问一问，张爷看不上的，卖家就只能直接坐火车去上海了，因为京城里的其他人也买不起。

玩虫儿，对张爷来说，是为了听声的，而聊到碑帖，他更有故事。张爷5岁开蒙，因为家里要求用毛笔练，不仅写得一手好字，对碑帖也颇有心得。《瘗鹤铭》原本刻在镇江焦山西麓的临江崖壁上，历来被视为中国书法艺术的瑰宝，至宋代坠落长江，只剩下断碣残壁，后有闲居在镇江的苏州知府陈鹏年进行打捞，出残石五方，得93字。后人便以此为界，有"水前本"和"水后本"之分。"我有《瘗鹤铭》水前本。"张爷说得云淡风轻。

生在钟鸣鼎食之家的，不一定都能成为贵族，但张爷是。在外人眼中，他富可敌国、极尽奢华，而他追求的却是平和、从容的境界，"我小时想过的生活，是这样一幅画面：蓝色的大海，白色的游艇，我在游艇上晒太阳。"张爷如是说。

中国精品 | 人物 | 张丹阳

"香道，从汉唐时代开始就成为中国精品生活的标志。"

新锐一代的张丹阳却独爱沉香。

张丹阳，年轻的香道

文 / 康尽欢　采访 / 颗颗　摄影 / 梅乐

新锐一代的张丹阳，在创业过程中，随着对沉香与历史的历数，也仿佛散发出一种久远的气息。

香的文化

张丹阳是有家传的新一代，他喜欢跑车、红酒、电子产品，喜欢摄影，收集徕卡相机，熟悉奢侈品牌。而家学是浸到骨子里，融在呼吸里的。父辈收藏沉香十余年，他自己也浸淫其中，他喜欢品香，喜欢收藏沉香。沉香素有"香中钻石"之称，当沉香木受损时会分泌出一种油脂进行自我修复，再加上真菌入侵，这些油脂便形成了沉香。因其比重大于水，会沉入水中，故名沉香。

"说起香的文化，人们熟悉又陌生。也许，人们已经很少再用香囊，但是熏香与香水，总还是有所接触到，这些香味也是香的萃取的一个阶段。实际上，在中国文化里，香、茶是不分家的，很多人是喝着茶品着香，通过人的嗅觉刺激人的味蕾，让茶叶的口感更好，在日本香道里香、茶是分开的。"

中国古人用香，讲究雅玩，是闲情雅致，不关身份，无须利益。在古代中国，香学流行，汉代有著名的博山炉，唐代有镏金熏香球，宋代则有徽宗御方，而明代则是宣德炉显赫，也只是近代衰落了。

玩香二式

今人玩香的方式有两种，一种是用沉香木做成器物，张丹阳自己就有一款非常喜欢的清乾隆时期雕工的沉香笔筒。"古人追求的雕刻手法是非常古拙的，不一定是精雕细琢，现代人雕得非常细，没有古韵，人物的特点和背景的结合并不是那么惟妙惟肖。我的几件藏品，其中有两个笔筒一看就是当时的乾隆时期的雕刻功底，雕刻手法圆雕、透雕都体现在上面，背景的融合和整个香材是非常完美的。因为沉香讲究的是因材施艺。"

中国精品 | 人物 | 张丹阳

张丹阳的沉香把件。

另一种，则是焚烧香片。所谓品香，就是用加热的香炭，通过香灰传递热量，让香品散发出香气。品香有专门的工具，张丹阳自己的品香用具，有各种质地，有象牙，有银质，他用的香灰由松针和宣纸制成，香炭由梧桐木和桑木制成，都是根据品香过程的要求而特殊炼制。当然，随着时代的变迁，沉香本身逐渐变得稀少，而让这门爱好变得昂贵起来。绿奇楠普遍的价格是三到六千一克，最贵的香，1万多一克就是市场的顶点了。

点燃沉香，香气开始弥漫，时空就此颠倒，那味道上延续千年的华夏记忆，从汉唐时代开始作为中国精品生活的标志，几千年来，一旦点燃，我们呼吸相同的气息。

张丹阳鉴沉香

沉香按产地划分，现在最好的一个是海南，一个是越南。自古以来以海南香为上乘品质，越南次之。古代认为奇楠香中糖结是最好的，金丝次之。但是我们所说的香，一定要从香气入手，人的嗅觉对好坏是最有判断力的，所以香气是最重要的，然后再看沉香木结油的程度，结油的密度越高说明熟化时间越长。

艺术家出身的郭承辉定义的中国精品，是原创、制造、品牌，即中国原创设计+中国制造+中国品牌精神。

郭承辉，精品必须"物尽其用"

文 / 宜可　图 / 郭承辉 提供

中国设计，引领世界

当设计大师郭承辉受德国国宝级品牌博兰斯勒(Blüthner)钢琴之托，为其四季系列做一款设计的时候，他首先想到了中国的传统工艺——中国漆艺箔金箔银。作为在中国有上千年制造历史的手工艺，漆艺的精髓随着我们生活的改变，这些器皿不再使用，中式古家具也被沙发所取代。漆器从上世纪七八十年代作为工艺品出口为国家创收外汇，到今天几乎沦为没有市场的低端工艺品。

"但这种传统的材料、独特的技术可以继承。"郭承辉承认试图在进行一种不是保护的思考，而是再创作、再设计、再应用的想法。将中国传统漆艺与德国造琴技术进行一次结合的尝试，其结果是可行的。这是东方古老的语言与西方古老的技术之间的一次对话，是古典音乐与当代艺术的一次沟通，中国漆艺与德国琴艺的相融。

一件产品背后，蕴含的是设计者对中国文化的理解和运用。"我们虽然有很多博大精深的传统工艺及技术，但缺乏为生活所能应用的、更人性化的技术革新和产品设计，同时仅有了好产品还不够，因为精品不仅是精细的产品，更应有充满生活哲学的品牌。"郭承辉认为，设计的终极目标是提供美的生活方式给人类，而精品正是这一结果的证明。

中国工艺，催生精品

几千年来，中国人一直继承发展着充满东方文化哲学的精致生活，我们对高雅的、儒雅的、淡雅的、精致的、写意的、正楷的、狂草的、飘逸的、空灵的、宁静的、苍穹的、朦胧的、含蓄的、意象的……所有这一切在中国文化中所形成的种种审美都是中国人生活品质的价值取向。以土火相融而成的陶瓷精品，有汝、官、哥、钧、定五大窑流传于世的陶瓷精品，如上苍造物，美轮天成。中国传统漆艺，由汉代至今以树漆成艺的独特工艺使产品千年不腐，色彩鲜艳而厚重，成为国粹。还有茶与茶文化，丝绸与丝绸文化，酒与酒文化，古家具与风水都是中国精品的代表。

中国精品 | 人物 | 郭承辉

郭承辉为博兰斯勒设计的钢琴。

但随着农耕文明与工业文明的生活方式的转变,中国式的精品生活方式慢慢地被淡忘,东方式天人合一的生活态度在消失,传统的中国精品已不在近、现、当代生活方式中起到锦上添花的作用。这是一个时代的矛盾,也是两种文化的冲突,文化与生活的交融像一场战争,不破不立。"其实如今我们更需大立不破。"郭承辉说,"传统与当代、东方与西方、田园生活方式与都市主义是可以紧密结合的。这如道与器的关联才是任何事物发展的生命线。"

郭承辉回忆起两年前,中粮集团的君顶酒庄与《罗博报告》联合推出了罗博封面艺术家系列的名酒套装,一盒六瓶,充满艺术激情之美,这也是一种再造精品的理念。在中国有一群当代艺术大师和一批精英的各领域的设计大家,因此,郭承辉呼吁"中国精品"论坛发起"请大师联手"的动议,用中国的创意力量使中国精品不是仅停留在曾经辉煌的过去时中,也让品牌商、生产者在传统技术革命的道路上来一次新的融合,把品牌作一次创意的提升。

"我们可用新的设计来继承传统的技术、使已失去实用价值的工艺品变为生活精品,使不仅仅在博物馆为收藏观赏的技术结晶成为流通世界的奢侈品。中国精品将成为世界精品。"

郭承辉设计的"青花筷子笔"系列。

对"插花、赏画、喝茶、品香"这些中式生活方式都颇有研究的陈仁毅更是不提倡"速食生活"。"慢慢'咀嚼'生活,把滋味找回来,才能从中找到乐趣。"

陈仁毅，茶香花画

文 / 黄俊　摄影 / 武传华

优雅之气融入生活

与其说陈仁毅是"春在中国"这一家居创意品牌的创始人和董事长，不如说他是一个典型的"中国文人"。走进他上海的家，立刻能感受到一股浓浓的"优雅之气"。

酷爱古董收藏的陈仁毅双鬓有些微白，气质儒雅，谈起话来，思维活跃。偌大的房内，摆放着诸多中式家具收藏，墙上却挂着现代的抽象画作，在陈仁毅的细心布置下，一切都显得并不突兀，相反，会让来者感受到"中西贯通"之意。"有些乱，什么都有，但却是我最真实的生活空间。"陈仁毅如此表示。

这些收藏中，陈仁毅的得意之作是摆放在会客厅的一张放焚香炉的桌子。"桌子是一个明代的游戏桌。可以玩象棋、围棋、双陆棋，是非常好玩有意思的收藏。"在陈仁毅看来，他之所以收藏这件宝贝，一是有"时代意义"，二是有"文化意义"，三是有"一件难得的具有娱乐功能的家具"。"很多人觉得，游戏桌是西洋产物。其实，300年前的中国就有这样的游戏桌了，可见古代人在家具设计方面就已经非常先进了。"

在陈仁毅家中，还可以发现很多不寻常的装饰。如在房间的好几处墙角，他都放着一口缸。陈仁毅透露，这些是自己想表现出一种朴素的生命力。"这些陶瓷的摆设，是综合艺术的表现。缸是很民俗的东西，看到它就能联想到釉色自然地流淌，会给人感觉特别真实。"

而如此生活化的东西，如何摆放家中自然表现？陈仁毅便通过生活中常常碰到的"茶香花画"中的"花"，与缸相搭配。"在小容器中，你需要用很厉害的花艺去表现，可大的容器，你只需要一个巨大的花枝，往里一丢，就会顿时让房间显得生气盎然。这就是生活的一部分，也是我提出的一种很自然的生活心情。"

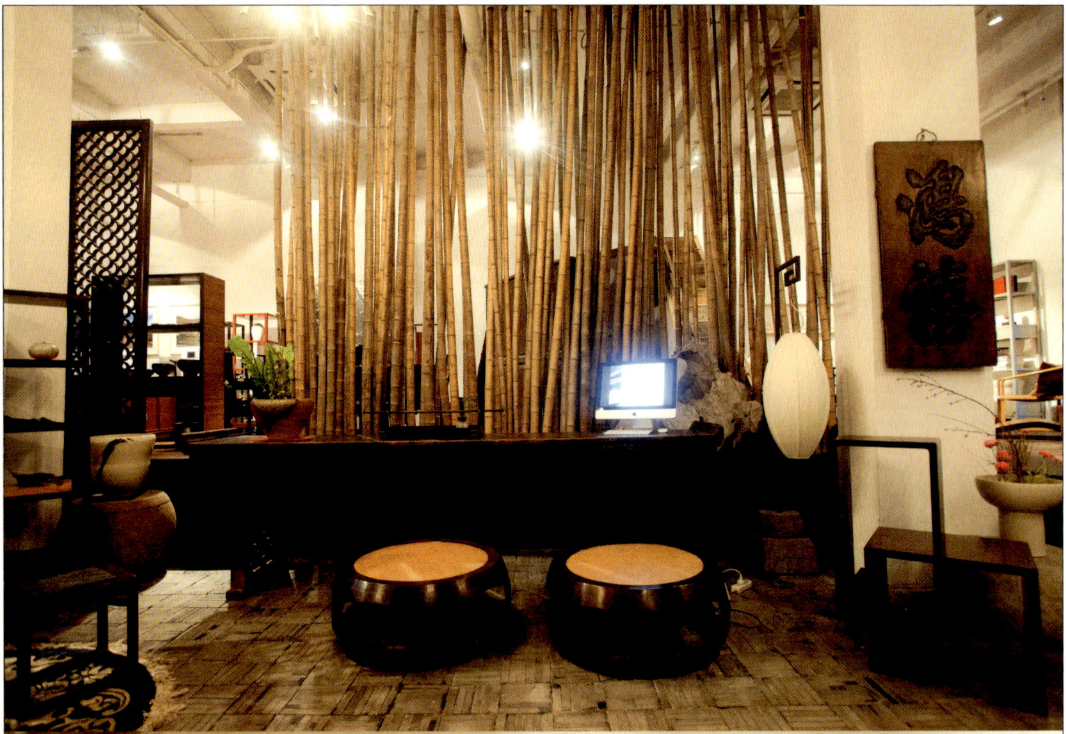

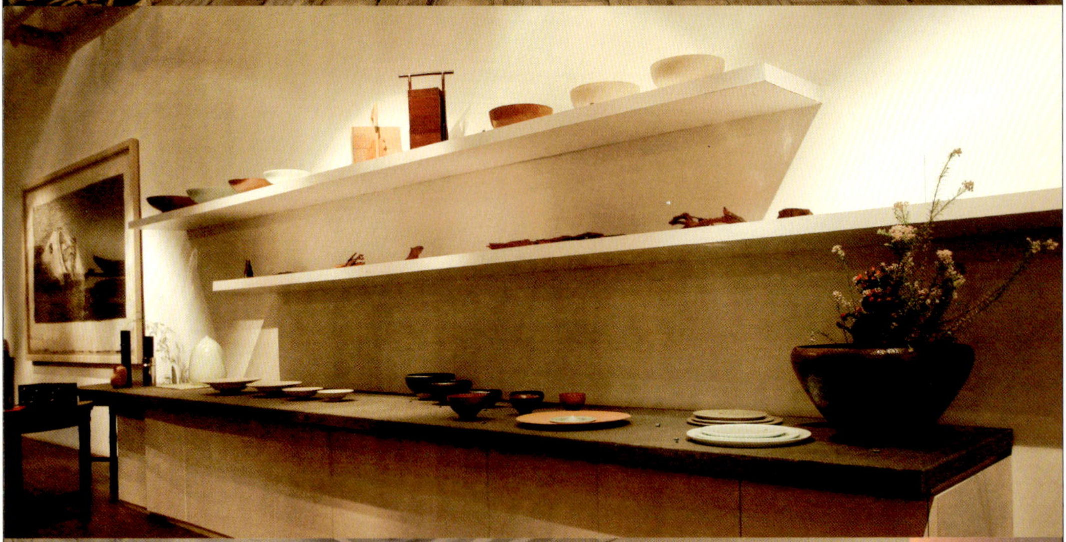

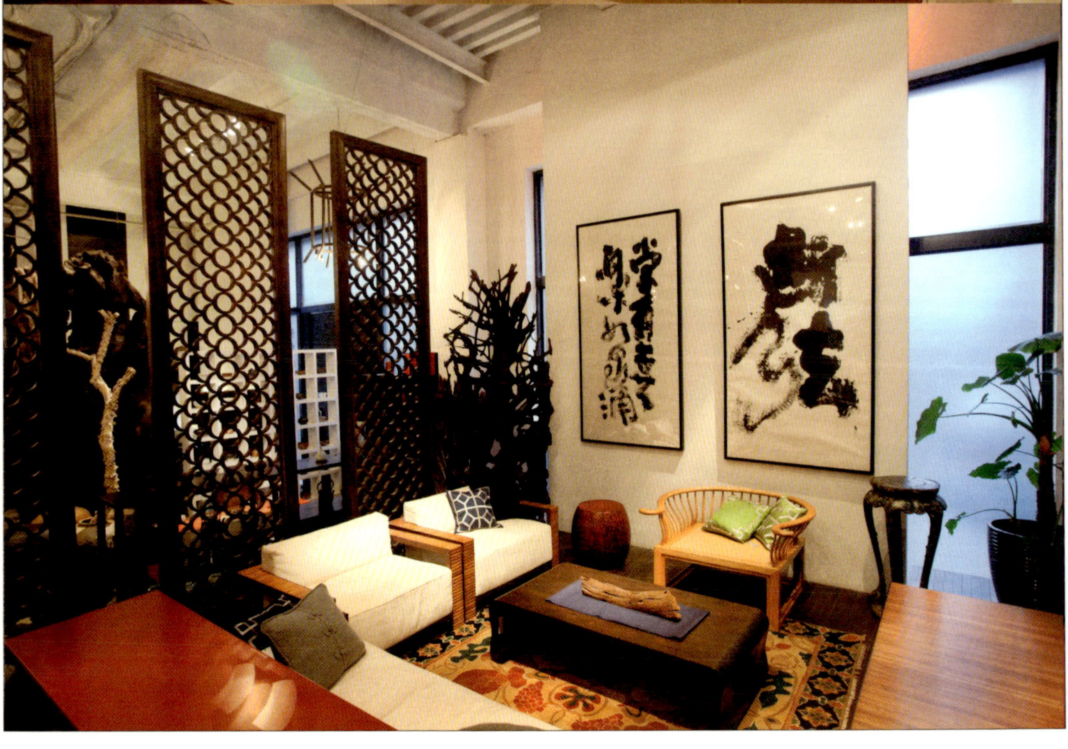

自嘲嗜好是"坏毛病"

"插花、赏画、喝茶、品香",这些传统的生活方式如今挤满了陈仁毅的闲暇时间,但他却笑称,"这些都是坏毛病"。

"这些东西,与我的成长有着联系,是自然而然在我的生长中扎根的。"陈仁毅的父母是教师,他们经常会让家中充满各种生活气息,如花艺,这让陈仁毅从小觉得家中的生活从不生硬,比较活泼,有绿意、有生气。

陈仁毅很会插花,但他更喜欢像小时候那样看妈妈插花。印象里,妈妈总是在根据二十四个节气,选择不同的花种来修饰自己的家。长大以后,他便觉得,如果一个空间里没有花,就没有生机盎然。"电脑是死的、桌子是死的、灯是死的,一切都是死的。一株花、一炷香,就会让整个空间活起来,有动静、有虚实、有明暗,人与天地的关系便得以显现。插花所代表的文化是非常真、非常美的一部分,那种干净、温暖的感觉就是我妈妈传给我的。"

对于品香,在陈仁毅的心中,是一种"礼"。"家中虽然不是特别信宗教,但我记得小时候会一直拜祭祖先。香,对我的第一启蒙,就是敬神。"陈仁毅觉得,香,是沟通人与神的途径,会让人觉得谦卑,会发现一种尊敬,"它会安定我的心神,我回家都会点一支香。"

至于"赏画",则已是陈仁毅生活中的一部分了。"我不喜欢家中的墙是空空白白的。因为空间是不会会变的,三四十年都不会。但我可以通过画,把西湖、黄山……各地的美景都借进来,在'画借景'的过程中,空间的苍白就可以转变了。而你甚至可以进入画的意境。通过境,变成一种静的生活心情。 画中也有四季,透过画中不同的色彩、情景,转变心情,那是我所需要的。"

陈仁毅觉得,对作品的选择,与年纪和经历有关。如果一个人的爱好,一直不变,那么这个人的生活太乏味了。"年轻时更多会欣赏重色彩的东西,情感都比较强烈,充满着热情澎湃,而如今快到'知天命'的年龄,相对关注淡雅的作品。现在,你会觉得安静就代表着一切的幸福。有时累了,回到家中,燃一支香,品一壶中国人最离不开的茶,就会忘记一切烦恼。"对于现在的陈仁毅,插花、赏画、喝茶、品香这些中国传统的生活方式,更多带来的,是一种生活的安静和宁逸。

从早年的第一座当代私人园林"南石皮记"的营造,到园中无数次雅集的生发,艺术家叶放的生活与创作为无数"中国精品"提供了延展空间。

叶放，雅是精品的核心

文 / 朱漪　图 / 叶放 提供

叶放召起雅集从1995年至今已有十多个年头了，无论是时令节俗的由头，还是人文事物的内容，均以玩乐游兴为方式，风雅情境为趣味。把玩、会意、兴境，文化的精神理想成为了生活的物质形态，而其间中国精品的身影无处不在。

花事雅集、茶事雅集，以及寻香、撷华、艺园、赏石等雅集融合了中国花道、香道和茶道文化的各式精品。而玉事雅集、蜜事雅集，以及论琴、和曲、清供、粉黛等雅集，则更融汇了古琴昆曲、服装饰品、陶瓷玉石、美酒美食等物质与非物质的各种精品。温故知新，借古今中外精品的艺匠，传递着几许形而上下的思辨。

毫无疑问，生长于苏州世家的经历让叶放怀有特殊的园林情结，造就他对人与自然及人与文化谐和情境的热衷。雅集的发起，与他在纸上以笔墨造园到在地上以泉石造园几乎是共同衍生的。也许纸上园林多少有对"文革"中失去家园的怀故，而地上园林则完全是对当下生态的艺术发想了。

"既然雅集曾是我们中国人的一种生活形态，而其中又包含了中国人的文化精品，那么我们何乐不为呢。"当代园林和雅集的缔造者叶放为中国精品营造了生活中延展的空间，这等巧妙得益于他对中国精品的文化解读：所谓精者，精致、精美、精彩、精华、精通、精诚、精思、精神。所谓品者，品种、品鉴、品质、品位、品行、品德、品性、品格。显然精品是精良的物质，更是精进的礼法。或具象，或抽象，精品是由器而道的生活方式与形态，也是以形而上落实到形而下的生活态度与观念。

"以当下中国的精品来说，有传承传统手艺的丝绸、陶瓷、漆艺和木作，也有弘扬传统艺术的昆曲、京剧、古琴和南管；有温故知新的水墨书法、花艺香学，更有继往开来的茶酒美食、中医武术。而园林则无疑是最具经典意义的代表，它不仅是多项精品器物的承载空间，而且还是多项精品道法的演绎空间。"在园林中雅集自然地成为承载精品在空间中演绎精品的生活方式。如同派对、沙龙对于欧洲人来说，是积淀了他们文化精品的生活形态。

也许是太湖上坐着百年木船，喝着百年普洱，听着千年唐琴，赏着万古明月，看月亮从水面如日出般升起的瞬间。也许是五代"碧筒杯"，南宋"暗香粥"，明清"莲房茶"被一一把玩和品尝后，从典籍故纸中透出隔世的清凉与陈香，在杯盏间浮动流溢的瞬间……很显然，

何为雅集

雅集是古代士大夫阶层聚会交友的重要方式。1995年，叶放先生开创了现代雅集形式。以三种类型区分的，分别是"礼俗"、"风雅"和"人文"。其中，"礼俗"包括寿庆、婚庆以及清明、中秋各种时令节庆活动；"风雅"则包括花事、蟹事、荷事雅集等；而曲会、诗会、茶会等被归为"人文"篇。而每场雅集又分成"把玩"、"会意"与"兴境"三部分。

古代诗文书画中的记忆，成为了当下亲身的情境演绎。在叶放看来，承载中国精品的雅集与其说是对古代文人闲情逸致的效法和模仿，不如说是对当下生活喧嚣浮躁的感怀与思辨。"对我来说，雅活才是精品生活的核心。雅集可以是精致的，亭台画舫、丝竹家班，也可以是素朴的，斋舍茶寮、乡野山家，同样是风花雪月，修养身心，性灵的抒放才是关键。"叶放的一番话，正点明了"中国精品"诞生及传承的初衷。

"在我看来，中国精品的复兴，首先是重建品鉴体系和制造体系，而其关键则是树立精品文化的价值观。"叶放指出中国精品问题的出现由来已久。其一，晚清时废科举兴学校，经艺之学逐渐被科技之学替代，对品位格调的诉求也逐渐被对应用审美的追寻所改变。其二，在中国古代"万般皆下品，唯有读书高"、"学而优则仕"的观念影响下，文人们以想象和品鉴，指导着制造，成为精品创造与传承的主角。而工匠的创造力，则往往由文人来激发，其主动性大受抑制和忽视。故而，在品鉴和制造都缺失贤达智慧的当下，树立起中国精品文化的价值观，至关重要。

如果说园林是精品生活的理想家居形态，那么雅集则是精品生活的理想聚会方式。精品的价值正是在生活中得到体现，有了精品的物质，更要有精品的生活。

叶放的雅集融汇各种中国精品。

| 中国精品 | 人物 | 黄永松 |

对于《汉声》的创始人黄永松来说,中国的每一个县城村落,也许都藏着一种即将失传的中国古典精品工艺。

"要推崇中国精品,就应该有底蕴,这个底蕴就是我们自信心的建立,我们的精品不只是工艺,而是一个文化创意产业的振兴!"——黄永松

黄永松，大巧不工

文 / 康尽欢　摄影 / 梅乐　资料提供 /《汉声》

如果跨过一扇门，就能跨越一个时空，你是满怀期待，还是心底忐忑？

步入《汉声》北京编辑部的瞬间，时空是倒流的，门廊里贴着往期的《汉声》海报，古红色的色调，凡是华人，都有本能的熟悉，那是旧时光的颜色，好像还弥漫着新春的爆竹声响。得到一个和黄永松饮茶聊天的机会并不容易，他很忙，中国有多大，他就要飞遍多大的空间，对于黄永松来说，中国的每一个县城村落，也许都藏着一种即将失传的中国古典精品工艺。

"我们中国品牌，就是China，我们是Chinese！我们为什么叫China，china是陶瓷，但是，外国人为什么把陶瓷称作china，其实，china是昌南——昌江之南，昌江之南的陶瓷产地，就慢慢形成了景德镇。"黄永松看起来就是那种干练的人，他精瘦，满头白发，握手却很有力，他有颗文艺的心和一个"体力工作者"的体魄。

黄永松的办公室，就像一个老式书房，纹理清晰的大块木板做成的桌子，桌上堆满文件，各个文件夹标注着清晰的内容，有条理，又洒脱。黄永松是经历过时代变革的人，至少经历过台湾的几个时期，从禁锢时期到自由时期，黄永松二十几岁的时候，也是穿喇叭裤、留长头发、开大摩托车，要到纽约去留学，几次开画展都被当时的公安赶走，而最终，他选择了追寻往昔的中国精品。从崇洋时代到国学回归，对于中国精品的珍惜，慢慢磨去他三十多年的时光，那时光，也仿佛年轮，缠绕在他的心里。

"我并不把中国精品定义为富豪阶层的奢侈品玩物，如果精品只是给高端人群的，那精品与高端人士，都是会下地狱的。如果人人都是要精品，人人都是要高端，那就是欲望的蔓延，我们要度他、教他，这是中国精神薪火相传的责任。精品是一种对美好生活的珍惜精神。"黄永松喜欢朴素的民间工艺，他喜欢朴素的作品中蕴藏的秩序感以及对生活的喜悦感。中国人一直都喜好工艺的美好，无论是王侯，还是市井小民，拥有精美的器具都是他们的快乐，中国精品是一种美好生活的体验，价值与价格不是检验的标准，工艺的致美，才是中国精品的本质。

黄永松当年接手创办《汉声》英文版的时候，《汉声》只是一个对外展示中国"古典情趣"的文化刊物，而随着黄永松对于中国传统工艺的极致美感、精品情结的不断挖掘，《汉声》那种对于中国古典文艺与工艺的梳理，让它升华为一本真正的"人文"刊物。

《汉声》历期封面。

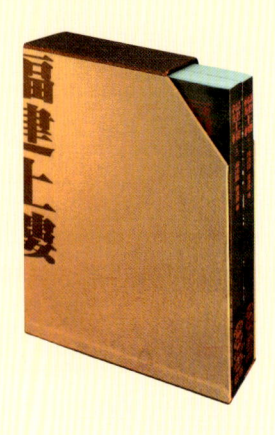

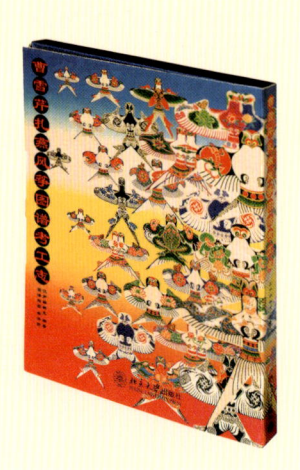

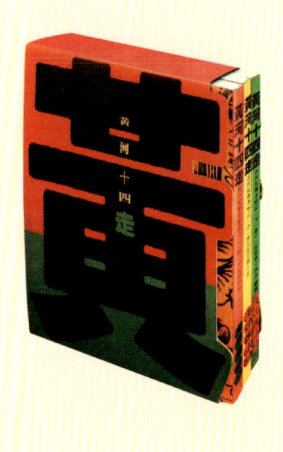

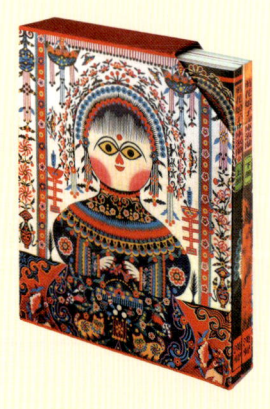

黄永松喜欢谈到"心"这个概念。

"人们总是忘记反思。寻找过去,能让我们停下来,去反思我们所有的周边的情况,你若反思对照,就会跟我们的历史经验连在一起。我们中国,今天很明显地媚外,是因为我们自身的品位没有了,这也是有原因的,是民族自信心的没落、失掉,所以我们才会往一边倒。"

黄永松总是喜欢谈到"心","心"这个概念,在中国的艺术与工艺创作领域,始终是很重要的评价标准。作品要有"心"的寄托与"心"的传达。

心,才是中国精品的底蕴。

大巧不工是中国人文审美的一句格言,最大的巧妙不是工艺的繁复,而是寄托的内心,最大的巧妙,不是材料的名贵,不是珠宝镶嵌,而是工艺创作者的敬业之心。所以,《汉声》既关注中国的显学,那些精品工艺的传承与意义的索引,也关心那些被许多人忽视的细小的美感,中国结、民间剪纸、灯笼、纸伞等日用品的精致与美感,它们并不昂贵,却充满了情怀与用心。

在张耀看来，代表中国文化的饮品毫无疑问是茶，"喝茶无法离开适合的环境和心情，越来越多的人选择茶，其实是在选择一种更安静、修身养性的生活方式"。

张耀，古树普洱情结

文/ 秋离　图/ 张耀 提供

第一次见到张耀，是在巴黎某个晴朗的早晨，我们坐在1683年的左岸咖啡馆里，耳边飘着Miles Davis的蓝调小号。当时的张耀，是传说中的咖啡教父——花了4年的时间，走遍世界各地近千家咖啡馆，喝下上万杯咖啡，致力于探寻欧洲三百多年的咖啡文化。

这一次是上海，在他的工作室，还是那个对颜色极敏感，很会穿衣服的他，永远保持着高调的生活品质跟与年龄不太相符的活力。他依然会在行李箱里放成打的唱片，不同的是，这次他在喝茶。

与茶结缘

令他迷恋的，是那种最纯粹的古树普洱生茶。5年前一次偶然的机会，张耀喝到了纯粹的云南古树普洱，习惯了市面上经过发酵的熟茶以后，他被那种完全不同于龙井、岩茶的味道深深震撼，"那是一种醇厚的回甘滋味"，言及于此，张耀眼神中，不免流露出一丝迷醉的神情。

结缘容易、执手却难，或许人生总是如此。此后，张耀一度再没有找到同样的茶，从普洱产区到各大茶庄，虽然很多标明的是古树茶，但却不是那个味道。他不放弃，决定去山上看看，究竟什么样的产地会有这样的茶。于是，从马关、文山到西双版纳，他最终找到了那种古老的、正在急剧消失的茶树。

那些古老的茶树，想必经历过许多坎坷的命运，被冷落、被遗忘，虽然几度经历过盛大的繁荣：从乾隆年间的兴盛到清末的萧条，再到上个世纪70年代以后，大量栽种的、台地的、灌木的普洱，以整齐漂亮而更好管理，让古树茶再一次被遗忘。最可惜的是，有些茶园荒废以后，在漫长的几百年的时间里，变成了混生森林。

从此便一发而不可收。张耀决定收集它们，虽然监督、制作的过程都蛮费工夫，按照张耀在茶山上投入的成本来算（包含资助当地的孩子读书），以如此珍贵、稀有的品种来说，张耀卖得一点儿也不贵。对他来说，这不是生意，而是对古老茶树的敬仰跟认同。

普洱茶古树。

茶中古董

有年份的普洱茶，价值极高，被誉为"古董"。然而，让张耀最迷恋的，却是当季的古树生茶，那是一种非常强烈的、新鲜的，带有森林跟原野气息的味道。"这些古老的茶树很感人，非常少被照顾，就站在山林里面，一年四季、春夏秋冬都在发芽，"张耀对它们爱不释手，他觉得古树有一种很重要的精神力量，"它们完全没有索取，只会贡献，这是很了不起的、大自然的力量。"

在他眼中，每一棵树都是一个生命，一个独立的生命系统。建立一个谱系，就能看到时间催生的演变。"我没有太伟大的理想，只是想多多少少留下一些很纯的茶样，只希望让喜欢喝茶的人能喝到好茶。"张耀说。

现在，张耀每天都会喝七八种古树茶，丝毫不担心会伤到胃，"古树茶性温和，没有很高的茶碱或咖啡因，"言及于此，他的唇边现出一抹笑意，"甚至有些人喝完以后，会有种很放松、想睡觉的感觉。"

张耀眼中一茶一叶都是生命。

让张耀最迷恋的，却是当季的古树生茶，那是一种非常强烈的、新鲜的，带有森林跟原野气息的味道。"这些古老的茶树很感人，非常少被照顾，就站在山林里面，一年四季、春夏秋冬都在发芽，"张耀对它爱不释手，他觉得古树有一种很重要的精神力量，"它们完全没有索取，只会贡献，这是很了不起的、大自然的力量。"

一茶会定制古树普洱茶，+8621.5218.0519，www.yichahui.com

精品报告

道，人能弘道，非道弘人。

感兴趣的品类

前三位被访者感兴趣的包括白酒（69%）、珠宝（31%）和服装（30%）
被访者购买过的品类亦是他们感兴趣的品类

感兴趣的品类
- 酒 Wine 69%
- 珠宝 Jewellery 31%
- 服装 Clothing 30%
- 会所/酒店 Hotel 26%
- 腕表 Watch 24%
- 房地产 Real Estate 23%
- 家具 Home Furnishing 17%
- 食品 Food 13%
- 化妆品 Cosmetics 13%

过去十二个月里购买过的品类
- 酒 Wine 66%
- 茶 Tea 23%
- 珠宝 Jewellery 22%
- 服装 Clothing 17%
- 腕表 Watch 14%
- 酒店 Hotel 11%
- 化妆品 Cosmetics 10%
- 食品 Food 7%
- 房地产 Real Estate 4%

过去十二个月里购买过的品类
- 酒 Wine RAM 193,478
- 珠宝 Jewellery RAM 168,750
- 家具 Home Furnishing RAM 85,555
- 时装 Fashion RAM 29,444

过去十二个月里，你在珠宝方面的支出是多少？
过去十二个月里，你在服装方面的支出是多少？
过去十二个月里，你在家具方面的支出是多少？

购买珠宝时，消费者更注重设计（52%）和材质（24%）
购买珠宝的主要理由是装饰

- 设计 Design 52
- 材质 Material 24
- 品牌信誉 Brand reputation 15
- 工艺 Craftsmanship 3
- 价格 Price 3

- 作为服装装饰 Accessorize my outfit 58
- 礼物 Gift 28
- 投资 Investment 12
- 家族祖传 Family heritage 3

白酒偏好度最高（68%），其次是果酒（31%）、黄酒（13%）和啤酒（11%）

- 白酒 White wine 55
- 果酒 Fruit wine 31
- 黄酒 Yellow wine 13
- 啤酒 Beer 11

最喜爱的品牌（白酒）
- 贵州茅台 76%
- 五粮液 58%
- 国窖1573 17%
- 茅台 10%

最喜爱的品牌（黄酒）
- 古越龙山 79%
- 女儿红 50%
- 石库门 21%
- 塔牌 14%

过去十二个月里曾购买过至少一种奢侈品牌酒的被访者
你喜欢以下哪种酒？
以下哪种是你的首选白酒品牌？
以下哪种是你的首选黄酒品牌？

当被问及中国精致商品时，消费者会先想到酒（55%），其次是服装（7%）、珠宝（4%）和茶（1%）

提及的TOM品类
TOM Categories Mentioned

- 酒 Wine 55
- 服装 Clothing 7
- 珠宝 Jewellery 4
- 茶 Tea 1

所有被访者
提到中国精致商品时，他会想到什么品牌？

周大福和周生生是被访者会第一个想起的中国珠宝品牌
亦有25%的被访者想起六福珠宝

- 周大福 24%
- 周生生 11%
- 六福 3%
- I DO 3%
- 昭仪 3%
- 老凤祥 3%
- 七彩云南 3%
- 谢瑞麟 2%
- 其他 2%

- 周大福 Chou Tai Fook 72%
- 周生生 Chou Seng Seng 69%
- 六福珠宝 Lukfook Jewelry 33%
- I Do 33%
- EAST TSUI 18%
- 昭仪 Zhaoyi 3%

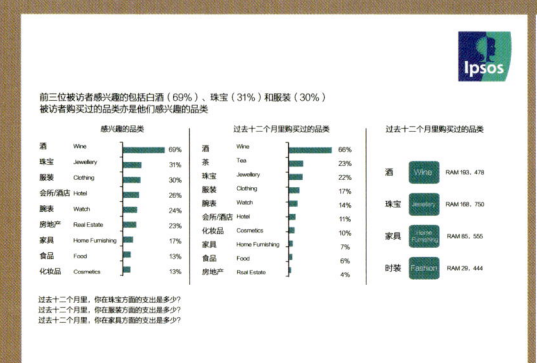

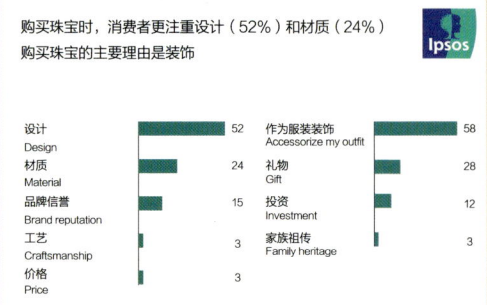

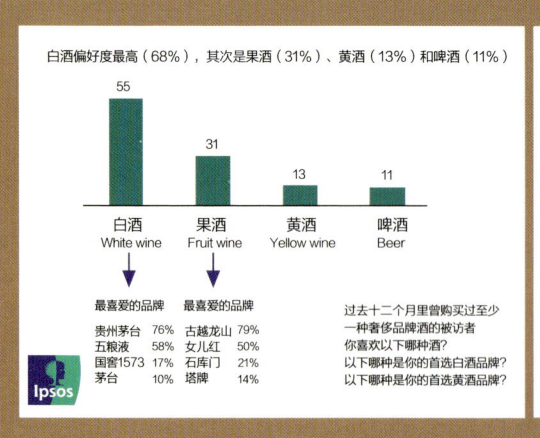

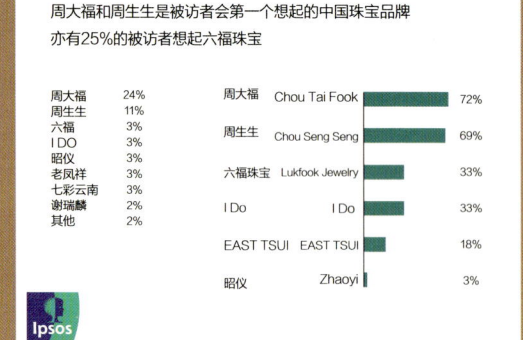

绿茶（49%）和普洱茶（26%）是消费者首先想到的两种中国茶
这两种茶也是消费者的首选茶类

提及的TOM品类
- 绿茶 49%
- 普洱茶 26%
- 乌龙茶 8%
- 花茶 3%

- 绿茶 Green tea 72%
- 普洱茶 Pu'er 69%
- 红茶 Black tea 33%
- 乌龙茶 Oolong tea 33%
- 花茶 Scented tea 18%
- 白茶 White tea 3%

过去十二个月里曾购买过至少一种奢侈品牌茶的被访者
说到茶叶，你首先想到的是哪种茶？
你最喜欢以下哪种茶？

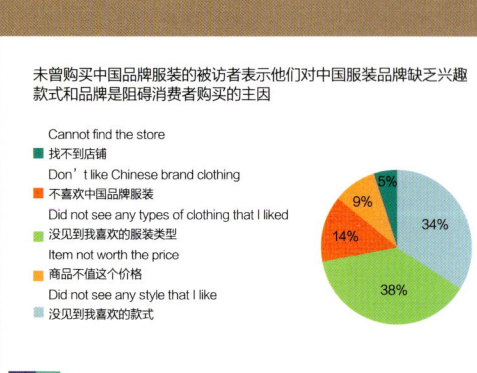

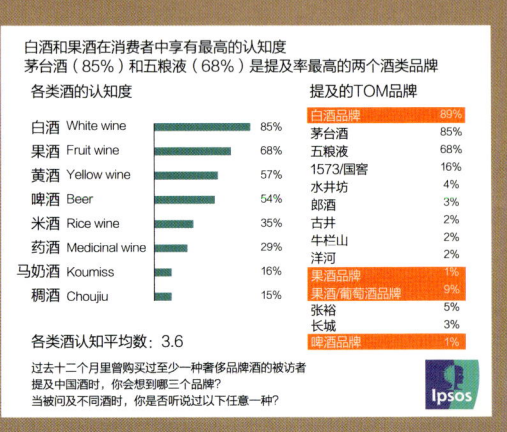

未曾购买中国品牌服装的被访者表示他们对中国服装品牌缺乏兴趣
款式和品牌是阻碍消费者购买的主因

- Cannot find the store 找不到店铺
- Don't like Chinese brand clothing 不喜欢中国品牌服装
- Did not see any types of clothing that I liked 没见到我喜欢的服装类型
- Item not worth the price 商品不值这个价格
- Did not see any style that I like 没见到我喜欢的款式

- 34%
- 38%
- 14%
- 9%
- 5%

白酒和果酒在消费者中享有最高的认知度
茅台酒（85%）和五粮液（68%）是提及率最高的两个酒类品牌

各类酒的认知度
- 白酒 White wine 85%
- 果酒 Fruit wine 68%
- 黄酒 Yellow wine 57%
- 啤酒 Beer 54%
- 米酒 Rice wine 35%
- 药酒 Medicinal wine 29%
- 马奶酒 Koumiss 16%
- 稠酒 Choujiu 15%

各类酒认知平均数：3.6

提及的TOM品牌
白酒品牌	89%
茅台酒	85%
五粮液	68%
1573/国窖	16%
水井坊	4%
郎	3%
古井	2%
牛栏山	2%
洋河	2%
果酒品牌	1%
果酒/葡萄酒品牌	9%
张裕	5%
长城	3%
啤酒品牌	1%

过去十二个月里曾购买过至少一种奢侈品牌酒的被访者
提及中国酒时，你会想到哪三个品牌？
当被问及不同酒时，你是否听说过以下任何一种？

《罗博报告》和益普索合作对中国精品做的详尽调查报告。

中国奢侈品消费调查报告

策划 /《罗博报告》编辑部   文 / 高鸣怡   调研 / 益普索

中国是奢侈品需求增长最快的地区,据调查统计,未来,中国可望超越美国,成为全球最大的奢侈品消费国。究竟是哪些中国人在购买奢侈品?他们的真实消费习惯、消费情趣是什么?在《罗博报告》与益普索研究集团(Ipsos)对服装、珠宝、茶、酒、家具等奢侈品的消费调查中,你会发现许多情理之中却意料之外的有趣结论。

中国的奢侈品和中国的许多政治口号一样,经常被提及,也有自己的固定消费人群,然而问到它究竟是什么,答案却很缥缈。益普索的这次调查,目的正是给这个缥缈的概念一些真实的内容。

什么是奢侈品呢?国际上一般的定义是:"一种超出人们生存与发展需要范围的,具有独特、稀缺、珍奇等特点的消费品。"根据益普索的调查,目前排在中国前三位的奢侈品类别分别是:汽车(55%)、腕表(39%)和酒类(34%)。

就性别而言,消费趋势正如我们所料:男性消费者对豪华车表现出较高的偏好(67%),紧随其后的是豪华腕表(47%)和高端酒(44%)。另一方面,女性消费者最有可能被引诱购买珠宝(61%)和服装(54%),其次是香水(50%)和品牌手袋(47%)。

然而,这些奢侈品的消费特征并非完全相同。法国五大酒庄之一的拉图酒庄(Chateau Latour)庄主弗雷德里克·恩杰尔(Frédéric Engerer)曾说过:"拉图不是奢侈品牌,法拉利有一长串客户名单,知道谁买了他们的车,我们不知道谁喝了我们的酒。"

一瓶四五万元的拉图葡萄酒,在生产者眼中居然不是奢侈品,这是一种被动奢侈品的情况。因为稀缺性,供求关系决定了它的奢侈性。这样的奢侈品不用担心过季,不会开设自己的打折店。益普索的调查显示,中国人购买的大多数都不是被动奢侈品,中国人通常作为被高端品牌精准定位的客户。

按理说,中国的酒、茶、高端瓷器这类古典奢侈品都具备被动奢侈品的性质,然而据《罗博报告》和益普索对中国精品的调查报告(针对可支配资金300万元以上的166名城市消费者),受访人谈到国内奢侈品时,想到高端茶叶的人居然只有1%,瓷器、纺织品全部是空白,仅仅只有酒上榜。为什么中国数千年的奢侈品文化,居然连像样的稀缺性奢侈品都没有呢?益普索的报告会为我们解答其中玄机。

相对于这些被动奢侈品,主动奢侈品就像Gucci、Cartier、Patek Philippe,目标消费人群明确,会做盛大的产品推广和发布。中国的主流奢侈品跑车、腕表、珠宝、高级时装、箱包正是这类。许多中国奢侈品品牌也在努力走这条线路,虽然有一定问题,但多年来已有很大的发展。

其中以服装为例,当受访人被问及"你第一个会想起的国产服装品牌是什么"时,58%的人会想到鄂尔多斯,位列第一,21%的人想到上海滩,排名第二;受访者提及的TOM品牌中,鄂尔多斯占12%，排名第一，随后是李宁、江南布衣、美特斯邦威、七匹狼、太平鸟。

Gucci、Cartier这些进口品牌的奢侈品，它们清一色是专职的，只做自己预设高端人群的生意。而中国消费者想得到的品牌，基本上都是大众品牌，这些品牌起家是普通服装，渐渐推出精品，却没有专职的高端品牌。

事实上，并不是这些品牌不想做精准定位的奢侈品，这其中还有许多因素在制约它们，益普索和《罗博报告》的联合调查正是为我们揭示其中的原因。

珠宝与时装——从平民品牌接近奢侈品

从消费者对国产时装的认知来看，中国基本上没有奢侈品牌服装，鄂尔多斯、李宁等多数知名品牌都和大众消费有着千丝万缕的联系（其中江南布衣的中高端、个性路线比较坚决）。为什么这些服装企业不能像Brioni、Armani、Ermenegildo Zegna，或者女装中的Gabrielle Chanel、Versace一样，制作顶级呢？

非不为也，是不能也！这一点从消费者的视角看得最清楚。中国人不是没有消费能力，而且购买高级时装时，人们对品牌的看重程度并不那么势利。调查报告显示，一名消费者决定选择一款服装时，67%的人最看重的因素是设计，其次19%的看重材质，只有11%的人首选的是品牌。

这些数据很符合消费者的实际情况，当你去新光天地、燕莎买衣服，同样数万元一套的品牌，大家都是先看款式、然后料子，结果，第一眼吸引你的通常是国际大品牌。因为38%的消费者在国内品牌专柜"没见到我喜欢的服装类型"，还有34%的消费者"没有见到喜欢的款式"，14%的消费者认为"国内高级服装的性价比不及进口高级服装"，这样一来，86%的消费者会买进口高级时装。其实，只有5%的消费者是冲着品牌知名度而选择进口时装的。

这些数据说明，中国时装与国际高端时装最核心的竞争差距是设计能力以及相应的选料、做工。上世纪20年代，《VOGUE》的驻华记者在上海曾经盛赞中国裁缝的手艺，"他们照着最新欧美时装杂志的图片，一两周就能做出完全一样，甚至融入点儿东方元素的时装，然后它们出现在周末酒会某位领事夫人的身上"。现在中国服装品牌大多是为大众服务起家，定制人群服务的理念不多，而打造主动奢侈品，人群定位非常重要。

同样的问题还出现在珠宝行业。受访者"提及的TOM品牌"、"第一个想起的品牌"前三位都是一样的：周大福、周生生、六福珠宝。而这些品牌亦是以服务大众的通俗形象出现，即使有高端产品，也不是以Cartier、Patek Philippe这些典型奢侈品形象出现。而排名第四的I DO珠宝，更是直接打出"白领婚戒"的卖点。

但珠宝行业和服装行业相比，国内品牌有一些天然的优势，周大福、周生生、六福珠宝三个珠宝品牌全部来自中国香港，而且周大福成立于1946年，周生生成立于1934年，都是英属时代的老店，国际程度很高，特别是原料采购和设计团队，它们的设计能力有较高的国际竞争力。

调查中，高端消费者中，52%的珠宝购买人最在意设计，24%的人最看重材质。调查中，过去12个月有53%的消费者购买过中国品牌的珠宝，而这些购买中，周大福一个品牌就占到了47%。

这些服装和珠宝的数据打破了一个传统认识，中国人的奢侈品消费是冲着品牌去，只看LV、GUCCI的LOGO，事实上这种消费潮流已然滑出了高端消费层，成为大众白领趋势。有消费能力的高端人群，核心看重的设计、品质、材质以及这些因素背后所展现的个性与享受。"只买贵的，不买对的"基本已经不存在了，中国企业卖不贵，主要是因为品质上不能完全满足消费者的需求，顶级市场只能拱手相让。

从品牌定位角度，因为设计、做工上没法达到顶级，品牌定位一定是随行就市，徘徊在中端、中高端水平。这些优质企业都明白，积累不够，即使凭空打出高端，也只能有价无市。

中国茶，奢侈品之殇

1834年，英国人罗伯特·福琼从福建出发，随行的车队带着数千株精选的茶苗和一位手艺精湛的种茶、炒茶师傅，一行人翻越世界屋脊，最终来到了印度。茶就此在印度生根，并在国际市场与中国茶展开激烈竞争。到20世纪初，印度茶叶产量已经远远超过中国。

不仅是量的落后，在品牌上，中国茶受到了更大的挑战。从17世纪开始，中国茶一直是欧洲人的奢侈品，而现在混乱的、光怪陆离的茶市场，连中国人自己都不认中国茶是奢侈品。调查显示，只有1%的受访人谈及奢侈品时想到了茶。

这一点在市场上也得到了充分的反映，中国茶产业的价值总量加起来，还比不上一个立顿集团。毫不客气地说，茶产业，是中国所有奢侈品产业中最应该反思的。任卖茶人大谈极品普洱数十万元一饼，正山小种上万元一壶，消费者心里却觉得不值。

为什么中国高级茶会失去几百年来的奢侈品地位？错不在茶，在中国茶人。

在调查中，当问及消费者"最先想到的两种茶"时，绿茶和普洱位居前两名，其后是乌龙茶和花茶。这说明什么？说明在消费者心目中，依然是以种类区分茶，连一个茶叶品牌都记不住。

对于茶、酒这类被动奢侈品，站在行业顶端的肯定是品牌，如果问消费者脑海中的奢侈品葡萄酒，他会先想到罗曼尼·康帝、拉菲这些品牌。

即使想不到品牌，也该是想到原产地，如顶级咖啡，人们会想到蓝山咖啡、乞力马扎罗咖啡。说高级茶，应该是龙井茶、正山小种、冻顶乌龙、安吉白茶…… 这些顶级原产地茶，结果呢，人们只知道绿茶、普洱茶，这就相当于人们用红酒、白酒来区分酒，非常原始。由此可见中国打造茶类奢侈品的失败。

为什么会失败，是消费市场不行吗？受访者中54%每周饮茶的频率超过6次，事实上，其中40%的人远远高于6次。这么高的频率，为什么产品从初等到高等的序列会是一片空白。这与中国茶市场的混乱自然密不可分。

首先，中国茶没有完善的原产地保护概念。以西湖龙井茶为例，按理只有西湖畔龙井村的那一片茶园的茶才是真正的龙井茶。结果这个无价的原产地标识谁都可以用，珍贵的龙井茶遍地都是，二十块钱一包的茶叶也可以标"西湖龙井"，假作真时真亦假，能有真正的奢侈品吗？武夷岩茶、安吉白茶等等名茶都遭遇到这种情况。中国茶是最有文化潜力的奢侈品，也是现在做得最差的奢侈品。

精品酒，墙里开花墙里香

相对于茶，中国酒的高端品牌做得好得多。消费者认为"知名度最高的几个白酒品牌"中，熟知茅台、五粮液的受访者分别占到85%和68%（男性受访者中都是100%），认知度远高于品牌。泸州老窖旗下的国窖1573占16%，位列第三。第四名水井坊为4%。

中国白酒作为奢侈品，最大的尴尬是墙内开花墙内香。在国际市场上，因为白酒文化的空白，欧美人一时还不能心悦诚服地接受，在国外卖不上高价。熟知白酒行业的人都知道，茅台、五粮液的出口产品，大多都被中国人回购到国内来消费。

国际市场的认可度，是茅台、五粮液比拉菲、罗曼尼·康帝有所差距的第一个因素。但认可度低不代表品质差，而是文化推广的滞后。这导致茅台、五粮液和法国干邑、苏格兰威士忌这些烈性酒奢侈品相比，价格只有其25%到50%，价格与拉菲这类名庄葡萄酒相比更只有不到10%。对于全球各国的酒类奢侈品，中国高端酒的价格是偏低的（而且其中还有相当大的公款消费水分）。

"茅台卖不上拉菲价格"的第二个原因是产量，以茅台为例，每年产量大约为1000万瓶，而拉菲大约是10万瓶，相差100倍。这意味着中国白酒要达到世界顶级，必须在精品之上更进一步，打造最精品。

目前，四川、贵州等地名酒厂已着手在全球巡回推广白酒文化，国际市场一旦打开，即使挤掉公款消费的脓疮，高端白酒的奢侈品地位依然不会动摇，价格还会上涨。茅台、五粮液不可能再次回落为计划时代的"低价酒"（当年8元一瓶的茅台，是典型的行政特权产物）。

家具的透视

拿iPhone对于中国山寨手机，放在桌上看不出区别（如果凤凰传奇的铃声不响的话），但一摸就知道不是一路货。中国家具面临的就是这种情况。

调查中的受访人知道的国产家具品牌平均还不到一个（受访人都为有房者，大部分人有多套住房，对家具理应不陌生）。最知名的品牌是法蓝瓷，19%的受访者知道，其次是春在。事实上，在过去12个月中，有67%的受访者购买过品牌家具。人们更乐于去选择Arflex、Marge Carson这些家具品牌。

可以肯定的是，消费者并不是为了Logo去的。78%的受访者选择家具的首要因素是设计，另外11%首选品牌的消费者，基本上都是选择熟悉的品牌，核心因素也是他们喜欢这些品牌的设计风格。

与服装、珠宝企业一步步从中端迈向高端不同，中国家具企业的高端意识更薄弱。设计上，中国家具商吃到了模仿的甜头，但外形模仿只能针对中低端市场。

高级家具是最顶级工业设计，色调、外形可以模仿，但高端产品绝对无法模仿。各种用料，布艺木艺做工，细节处理，决定了一套沙发能不能贴身的舒适，一个书桌能不能越用越喜欢。这些都是必须长时期的积累。

然而，中国家具并不是没有奢侈品。高端定制的明清家具独树一帜，是真正的奢侈品。解放前的书案、柜子往往古香古色、妙趣横生，它们过去都是定制的，几十年的匠人手工出的细活。然而这些家具文化在解放后已经毁亡殆尽，上世纪七八十年代，每家每户的床、柜子都千篇一律。现在，北京大明会典这样的俱乐部正在复苏这些高端家具文化，但非常小众。

结论

和大众认识不同，中国人的奢侈品消费并不是光认牌子，消费者非常看重设计和品质。恰恰是这一点，令国外品牌在中国市场取得优势。时装、珠宝这类奢侈品，除了精准的市场定位，更重要的是强大的设计、制作能力。中国市场上每天都有自称奢侈的天价产品问世，结果却是有价无市。

中国时装、珠宝品牌虽然主攻中端市场，但稳扎稳打，未来一定能和国际奢侈品同台竞技。

茶作为过去中国最著名的出口奢侈品，如今发展得最混乱，未来如果不能做好市场规范、原产地保护，前景非常暗淡，实在对不起祖宗。

白酒作为国际化奢侈品，有很好的前景，但前期需要长期的文化培养。

国内高端家具依然处在杂乱的山寨时代，随着家具消费者更挑剔（或者说审美素质更高），国产奢侈品家具才会渐渐复苏。

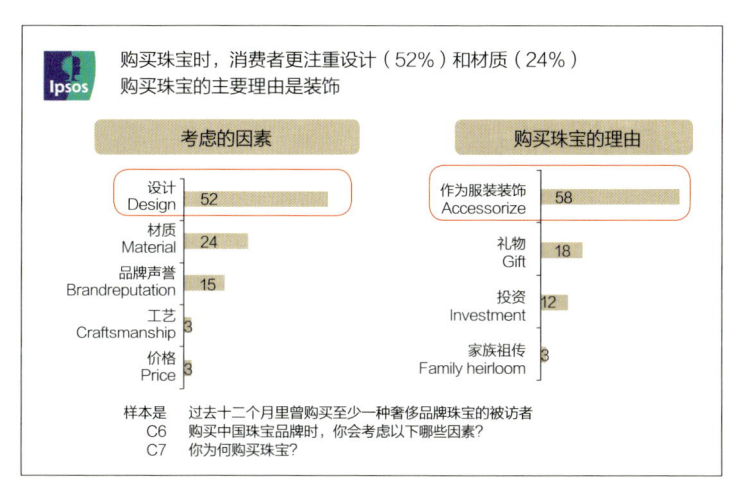

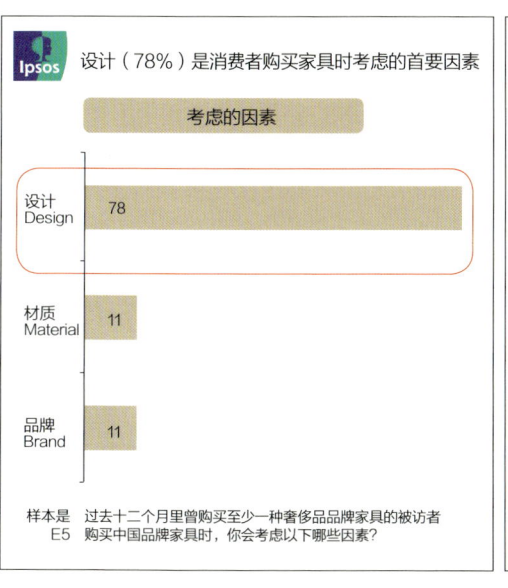

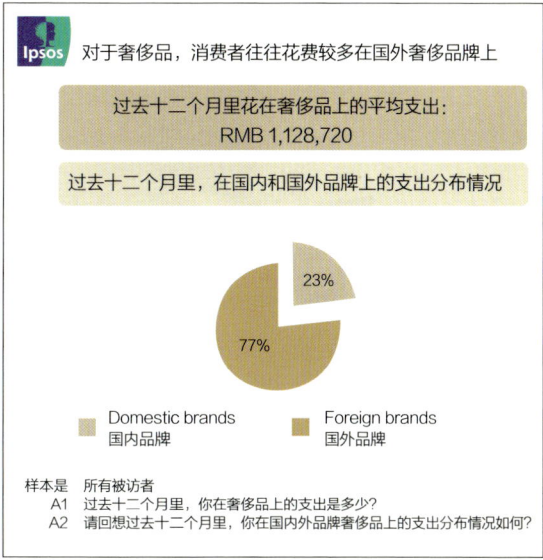

购买珠宝时，消费者更注重设计（52%）和材质（24%）
购买珠宝的主要理由是装饰

考虑的因素
- 设计 Design: 52
- 材质 Material: 24
- 品牌声誉 Brandreputation: 15
- 工艺 Craftsmanship: 3
- 价格 Price: 3

购买珠宝的理由
- 作为服装装饰 Accessorize: 58
- 礼物 Gift: 18
- 投资 Investment: 12
- 家族祖传 Family heirloom: 3

样本是 过去十二个月里曾购买至少一种奢侈品牌珠宝的被访者
C6 购买中国珠宝品牌时，你会考虑以下哪些因素？
C7 你为何购买珠宝？

设计（78%）是消费者购买家具时考虑的首要因素

考虑的因素
- 设计 Design: 78
- 材质 Material: 11
- 品牌 Brand: 11

样本是 过去十二个月里曾购买至少一种奢侈品品牌家具的被访者
E5 购买中国品牌家具时，你会考虑以下哪些因素？

对于奢侈品，消费者往往花费较多在国外奢侈品牌上

过去十二个月里花在奢侈品上的平均支出：
RMB 1,128,720

过去十二个月里，在国内和国外品牌上的支出分布情况

- 国内品牌 Domestic brands: 23%
- 国外品牌 Foreign brands: 77%

样本是 所有被访者
A1 过去十二个月里，你在奢侈品上的支出是多少？
A2 请回想过去十二个月里，你在国内外品牌奢侈品上的支出分布情况如何？

在报告中，有很多情理之中意料之外的有趣结论。

中国精品 | 中国精品论坛

左起：李亚鹏、蒋一静、王永山、陆晓明、高虹

李厚霖

汪小菲

郭培

左起：汪小菲、马艳丽、李厚霖

李亚鹏

刘湘云

212

中国精品论坛

李厚霖： 在当下，以奢侈品为代表的中国的精品品牌正在全面崛起。所谓精品，评判标准在于其精湛的工艺和稀缺的材质，昂贵的价格，更在于其独特的艺术思想和文化之美。真正的精品意味着超越时间的价值，而成就一个民族的精品品牌要具备三个要素："一是文化精粹的传承，二是精工主义精神，三是传播精品的人才。"而就目前而言，中国这三种要素明显都不具备。一是，中国目前面临的是断裂的文化局面。当前我国正处于一个不断转型的过程中，出现了一夜暴富的浮躁心态。不仅唯发达地区的成功经验是从，盲目套用美国模式和日本模式；不仅没有将国外的成功经验复制到我们的文化基因内，反而忘记了自己的文化立根之本。我们中华文化中的糟粕被抛弃了，精髓也被抛弃了。而中国古典文化中的精华没有被传承，这唯一的结局就是民族缺乏精品，大量品牌缺乏根，沦为一个商品的伤疤。文化之根断裂，缺乏文化传承的当代中国，毋庸置疑很难能成为民族精品生长的土壤。二是在中国缺乏精工主义思想，在美国和欧洲，精工主义可以说是行业的灵魂，日本人把顾客视为上帝，而当代中国则是以极端利己主义为导向，品牌意识模糊，只是单纯地追求数量而不是质量来获得了一种狭隘的满足感。诚然，中国人也有能力和技术做到精工，但却缺乏依托民族精粹文化的精工主义思想，最终并不能真正地有助于中国式精品的出现。三是精品人才的缺口依然很大。尽管很多高校开设了相关专业，一些专业的培训机构应运而生，十分重视培养这些人才，如服装设计、奢侈品管理等等人才，但是这些人才只是初级人才，他们要成为顶级的奢侈品创造者，从人生的阅历和独到的思想的形成，需要几十年，甚至上百年的培养。而现在是人才青黄不接的时代，要创造民族的精品品牌是路漫漫其修远兮。

坚守民族文化之本是必要的，但是也要用一个开放的心态去打造世界精品，注意区别中国的精品品牌和中国符号的精品品牌，中国符号精品品牌，包含在中国精品之内，在消息闭塞的年代，每个民族的品牌会具备民族标志，而现在交通发达、信息发达，民族之间的文化是交融的、快速的，所以不能狭隘地认为中国的精品文化一定是龙文化，红文化。

汪小菲： 每个人都有机会加入某一项事业，把它发展壮大成为管理者，可是做不做精品，却在于创业者自己的选择。一个创业者和后来加入到公司里的管理者固然是密不可分的合作伙伴，但双方在理念上的分歧还是会存在。以俏江南为例，加盟店数量从2008年的30多家一下子激增到了目前的80多家。这样的发展速度毋庸置疑对于后来加入俏江南团队的人而言，是值得欣慰的一件事，说明企业在他们的努力下开始茁壮成长，但是最初的创业者会对一个重要问题感到担忧，那就是产品的质量是否能够跟得上企业发展的步伐。俏江南最初的定位是做中高档餐饮，加盟店数量虽然增加了，可是帮助俏江南实现这一定位的高级技术性人才的缺口还是很大，例如厨师和踏实做事的服务员。即便是目前俏江南在构建一个餐饮帝国，但是这个庞大工程的基石最终还是落在最细节性的产品口味和服务质量上。

就企业本身而言，同时兼顾发展速度和做精品的目标是一项十分艰巨的任务，因为要付出比平时更多的代价，很有可能上游和下游都必须全方位地参与。但是尽管如此，这种努力还是必需的，因为精品是消费品发展的一种，而做精品作为创业者一种宝贵的精神理念与物质文明要共同发展，并且传递给后来的守业者。精品不仅仅是物质层面的一个概念，更是一种文化层次上的精益求精的理念，是我们做物质文化精品不可或缺的品牌内涵。

李亚鹏： 未来的20年将很可能是时尚更加蓬勃发展的20年，因为有一批人已经在开始思考自己的时尚选题，或者对一个人群的选择。这种选择不仅仅是他们，其他西方的很多国家也开始在做这样的选择，我们是否要到中国去复制一些，其实中国人自己的品牌还是很有意义的。

谈到精品的营销策略，其实很多时候并不需要复杂的策略与市场规划，消费者的口口相传就是一种简便而有效的营销策略，例如我曾经听别人谈到百达翡丽有一款型号叫5960的产品被两个客户买走了，不是因为百达翡丽是奢侈品，而是因为两个消费者一个是1959年生的，一个是1960年生的。这样润物细无声的对话，其实就起到了营销的作用。 其次，做精品一定要有坚持的精神和十足的信心，相信我们寻找到优秀的人才，在不远的未来打造出真正的中国精品。

但是现在不得不承认的是，创造中国精品很多企业都是在单枪匹马地作战，遇到很多的障碍和困难。最突出的是自信心缺乏的问题。例如我一直在构想打造一个中国书院，但是我没有信心认为我们的工艺是全中国最好的，因为我们的文化影响力还不够那么的强大。其次是文化挖掘的问题，中国精品毫无疑问必须打上中华文化的烙印。很多创业者一直在挖掘中华文化并融入到自己的品牌中，但是毫无疑问这样的尝试是艰难而曲折的。因为他们往往缺少的是一个成功的商业模式，缺乏国际化的方法把中国元素推向整个世界。另外他们需要挖掘中国精品的优势以及确保每一个细节都臻于完美。

马艳丽： 现在这一个时代注定是一个精品辈出的年代，因为文化的交流与开放使更多的创业者能够有机会接触到国外的资源和先进的理念，他们可以从中汲取精华，借鉴有用的经验。我个人的经历就是最好的例子。当我还在T台的时候，看到了很多的国外设计师和品牌，接触到了时尚行业和国外设计师最先进的、蕴含着丰富文化底蕴的理念，而且我能够有机会体验到一个精品产品给客户带来的切实感受是怎样的，这些使得我后来的设计少走了不少弯路。精品市场的空间目前很大，因为国内的消费者开始初步有了精品消费这一概念，但是对于精品行业的了解仍然是初步的，所以目前的广阔市场前景值得每一个创业者去精心地经营自己的品牌。

一个精品品牌一定有它的灵魂，有这种灵魂，它的延续性、传承的意义可能才会非常的悠久。灵魂是创业者在创业和守业过程中时刻要秉承和传递的一种理念，是一个品牌区别于其他品牌的独特性所在。在创立Maryma的时候，我期待这个品牌的灵魂是让每个女人穿上去是很自信的、很独立的、很优雅的。这也是我将一直坚持下去的设计理念。同时，品牌的延续性很大程度上依赖于创业者的韧性，在面对各种客户时都能够坦然对待，我们需要一些比较挑剔的客户，她们的挑剔对于一个品牌的成长是最好的催化剂，因为顾客的要求可以随时帮助创业者们斧正原先错误的理念、做法，让自己的品牌更具有精品气质。

郭培： 精品这个概念从字面来看其实就包含着丰富的内涵。"精"是一个高度，代表着精致、也代表着一种精神；"品"指的是品格，品质和品格。从精神层面来看，首先精品打造者必须要有坚持的精神，坚持把一个刚刚起步困难重重的事业做下去并且做出自己的风格。其次精品要体现民族精神，民族的传统文化是中国精品的核心，也是这一个时代所崇尚的主题。中国自古至今应该一直就是时尚的，时尚在不同人的理解和心目中，有不同的解释。所以中国的传统文化并不是与时尚流行相悖的，相反，它体现了一种永恒而持久的时尚潮流。在创造中国精品时必须尽可能地挖掘中华文化的内涵运用到产品的设计之中，要让顾客体验到一种显性的发自内心的对于传统文化的热爱。这种爱来自一种深沉的感动，能够让人一窥设计师丰富的内心世界和自我的定位。

从品质层面来看，中国精品一定要有优良的品质，因为高品质始终是精品的灵魂。要做好产品的品质，必然不能急功近利，只求数量不求质量。中国精品的诞生，一定是慢中求胜，以一个稳健的步伐向前迈进。要以一种品茗一般的"慢心态"来创造一个能够快速攻占市场的精品品牌。例如西方很多无与伦比的大教堂都是在几百年的时间里才完成的，做品牌也是一个同样漫长的过程。如果一个品牌急于追随一种流行，它可能就会错过那种精致下来的可能性。

奢侈品来自于英文单词Luxury，而luxury在拉丁文中是"光"的意思，会发亮的对象很容易被人注意和识别，所以奢侈品是引人注目的，美好的，令人向往的。

消费者购买奢侈品无外乎两个动机。一个动机是炫耀，通过消费进行炫耀性的展示，第二个动机则是实现自我的价值，因为奢侈品拥有非常优质的品质和设计、需求性，给消费者带来自我实现的满足感。

在目前，中国消费者对奢侈品的追捧，更多的是为了面子、身份或者阶层性的标志。而中国年轻的消费者，体现出更加趋于多元的文化价值观。从发展的长远眼光看，中国的消费奢侈品，将有可能从炫耀性动机向自我实现、自我价值体现的动机去发展和倾斜。这也为对于奢侈品消费发展趋势的思考提供了现实的参照。

刘湘云： 中国式精品的发展还将有一条漫长而曲折的道路要走，主要我们目前面临着两方面的困难。首先是推广营销的问题，在西方奢侈品一家独大的情况下，中国的精品行业里愿意坚持和投入的创业者很少，因为中国精品还没有像西方奢侈品那样强大的文化影响力，推广营销方面还存在着很大的不足。其次是人才的匮乏，中国的精品行业人才的缺口很大，培养人才这一方面也明显滞后，无法满足行业的要求。所以现在很多创业者不得不自己培训人才，对于整个业界而言也是一件极为有意义的事情。

精品毫无疑问最注重的是细节与品质，精细的精神是任何想要做精品品牌的创业者所必须具备的。以我们的品牌为例，为了做好这一个温泉酒店，我和我的团队连最小的细节都没有放过，包括顾客白天听什么音乐、晚上听什么音乐，这些问题都一一关注到位，因为我时刻提醒自己，我们的初衷是做一个精品，一个具有精致品质的产品。

在整个精品创造过程中，最重要的是把中国的文化融到品牌中去。例如中国的茶文化和中医SPA的一些养生文化，这都是具有代表性的中国元素，都被我们很好地融入到了我们的酒店建设中去，而顾客也很好地消化了我们的这些创意。当一个品牌的硬件与国际接轨，软件和服务都已经很完美的时候，创业者下一步必然要考虑的问题就是价格。在定价方面，创业者们务必要有自己的信心，因为自己的产品如果品质已经达到了精品的标准，就值一个高端产品应有的价格。当然这也并不意味着急功近利地去收回成本，因为过高的不合理的定价注定会挫伤一个品牌的诚信，而定高价的底气最终还是来自于品质而不是一个精品的虚名。

封新城： 精品行业面临的一个重要问题就是国人的急功近利思想。这种思想体现在认为什么事情都可以用营销手段来解决。事实上精品行业有太多本质性的问题，显然不是简单地用技术就能够解决的。我们需要真正关注的是文化和社会出了什么问题，不然一切努力就只是纸上谈兵。

精品这两个字所包含的不仅仅是物质产品，更有以其为载体的一种精神，一种最终的价值观，什么样的精神理解决定物质的态度。这是中国人真正面临的问题。我们准备以什么样的一种价值观去打造精品，是全盘西化还是中西交融。要谈论这个问题首先要学会跟古人对话，理清自己的文化脉络，让我们的精品真正成为自己文化的载体，然后再走向世界，这是我们最先必须关注的。

王永山： 中国精品将来的世界定位是毋庸置疑的，需要思考的只是用什么速度、什么角度、什么高度来推进这项事业。从速度来讲，虽然中国目前一切都在飞速发展，但是打造精品不可以一蹴而就。相反，精品行业要慢工出细活，只有慢下来，才有机会慢慢静下心来慢慢体会它的优势所在。所以精品发展会有一段短暂的过渡期，这个过渡对于整个发展过程而言肯定是极为有益的环节。

精品是一种非常多角度的东西，精品要体现工匠的精神，种种的问题都要纳入考虑的范围并一一解决。因此对品质的意识、如何坚持、程序设计等都是值得思考的东西。程序不能颠倒，做精品都应该要遵守一定的规矩等等。只有如此，中国的精品事业才能稳步发展，不久的将来中国制造一定以精品的姿态展现于世界市场。

王云鹤： 在中国做精品的品牌，对于每一个在创造精品品牌的人来说，都是一个难题。首先是人才问题，具有综合素养的人才目前在精品行业缺口还是很大。以翡翠行业为例，在营销过程中，要求经营者不光具备翡翠专业知识，事实上，翡翠的专业知识只占到20%，剩下的80%实际上是文化的素养、文学的素养、历史、艺术综合的素养。综合的素养决定了营销团队的组织。因为消费翡翠和销售服装、销售包是不同的，20%是卖产品，80%更多卖的是一种感受，这种感受是要综合的文化素养来决定的。这种人才在社会上更难找，所以创业者们必须组建自己的培训团队和基地，然后将物色来的人才加以深造，自己培养。这个过程可能会为其他的品牌输送着人才，而这个工作又是中国精品发展过程中不可或缺的。

可喜的是，现在很多创业者已经开始做了，虽然我们的精品行业是刚刚起步，但最重要的是我们已经开始行动。这条路必然是漫长而曲折的，因为中国消费者比较追捧的是外来的奢侈品品牌或者精品品牌，而它们的产品已经经历了百年的考验。中国的精品制造过程毕竟太短了，虽然改革开放30年，但是国人开始走精品之路只是近10年的事，而且也是近10年才思考中国精品品牌如何走的问题。

如何做精品，我个人的理解是要用国际化的方法来做中国的精品。我们要把最传统的、只有中国人看得明白的中国元素，用国际语言来表达，让不同文化背景、不同宗教背景的人能够接受，让我们蕴含着中国文化的精品真正走向世界。

陆晓明： 对于精品制造业而言，中国制造的时代即将到来。一个地域上的文化与经济是息息相关的。国人购买力的增强凸显出了中国经济上的强势，而经济上的强势带来了强势的文化。目前77%的中国人买了国外的品牌，很快慢慢会变成57%、47%、37%，因为中国自己的精品文化即将崛起。在上个世纪，工业革命的开始，创造了一批我们熟知的奢侈品牌。而中国当时积弱积贫，经济的落后导致了文化上的弱势。而现在整个中国是第二大经济体，GDP第一大国，人们的可支配收入在增长，有坚实的经济基础发展精品文化。

精品文化的发展很大程度上得益于民族自信心的提高。当国人对文化自信了，就会去创造文化的品牌。当北京奥运会、上海世博会这样国际的活动的成功举办，中国人的民族自信心上升了，中国精品、中国制造便不会被认为是一种奇怪的设想，甚至会因此倍觉骄傲，中国精品将在不远的未来如雨后春笋一般地涌现。

高虹： 在打造一个精品品牌时，不管是什么产品，不管能够取得怎样的成功，创业者所经历的路和走过的辛酸是相同的，他们所要秉承的精神无非两种：一个是坚持，一个是激情。在困难的时候需要坚持，当成功的时候更需要坚持，因为在成功的时候，可能有不同的机会来到你的面前，你是否还坚持你最初制定下来的原则？以百达翡丽为例，当它成立的时候，就下决心要做全世界最优秀的手表。1985年开发市场的时候，一只普通表的价格可能是

100～200美元，但是那个时候它已经卖到5000美元。百达先生也是一个商人，他拎着皮箱要坐头等列车的车厢，也是挨个去卖表，给客户呈现这是瑞士来的最好品质的表。 接下来，这个品牌经历了几代人的努力。在1932年的时候，全球性的经济萧条使公司经营举步维艰，那时候也要依靠销售这个表壳，维持公司给员工发薪水。很荣幸遇到了一个家族，他们在1932年时把百达翡丽买下来并且坚持传承到了第四代和第五代。经历过1977年，经历过全球石英表的浪潮，那个时候几乎所有的人都认为，机械表已经不再复兴了，也是因为这样的品牌，因为他们的坚持，也是一个低谷的坚持，他们就只剩下最后一家品牌在研发这样一个机械表。一直到1989年才等到石英表的一个浪潮结束，才使瑞士的钟表业重新回来。从同行业来讲，欣赏百达翡丽一直有这样的口碑，就是因为有这样的家族企业，它拯救了整个瑞士的钟表企业。是什么样的动力在激发守业者们传承一个品牌？其实是他们的激情，他们的坚持，指引着他们走下去。所以坚持与激情这两点精神，值得我们每一个有志做精品的人学习。我们的精品才开始走19年、20年，因此我们前方的道路还很漫长，但是只要坚持并且满怀激情地做好品质，这条路能够一直走下去。

杜勇（云南省招商局局长）： 中国精品的时代是正在到来但并没有真正到来，因为现在大多数中国的消费群体中有能力消费精品和奢侈品的，他们的可能首选还是国外的奢侈品和精品，这说明打造国产精品还有很长的一段路要走。同时就整个市场而言，一个可喜的变化就是传统的勤俭节约思想不再抑制人们的消费，人们开始注重生活品质，注重生活水平的提高，过分的忆苦思甜这样一种文化在现在的中国已经没有市场，绝大多数消费者也不太认可。生活水平提高同时推动了消费水平的提高。中国精品的发展的一个重要标志性阶段就是当国人能够被某一产品吸引并且把该产品作为自己的消费首选的时候。以手表行业为例，什么时候让中国国产的手表，能够让爱表的国人去喜欢上它、能够毫不犹豫地买来戴上它，去把玩它，那个时候中国的精品制造可以说是发展到了一定的阶段，这个时代正在到来，因为很多条件已经成熟。

在打造中国精品时，创业者们不要忘记产品给顾客带来的体验，因为顾客的体验和认识也是消费的一种动力，能够让消费者心动、情动，也是精品销售的一个重要部分。所以，一个产品不管它是从哪里产的，不管是法国产的，还是意大利产的，还是国产的，它要成为精品必然背后会蕴藏着丰富的品牌故事。当消费者接触到某个品牌时，他能够第一时间被那些故事打动。而中国很多品牌现在已经有一个很好的产品，同时有很多的精彩的故事在背后。为什么百达翡丽的故事这么精彩？因为大家都知道它的家族故事，一代代都在流传。而中国的品牌也需要这样打造，需要更多品牌的灵魂、品牌的人物、品牌的故事，有了这些东西，产品才有更多的被社会、被消费群体接受的价值空间。

蒋一静： 打造中国式的精品必然要融入中国元素，寻找一些形象上非常动人的中国元素，并且进行现代化的处理。以Qeelin为例，它是一个中国元素的法国品牌。同时是设计师品牌，因为设计师是香港人，他的名字叫瑞麟，Qeelin根据他的名字命名的高级品牌凸显出中西结合的特色。这一品牌的设计理念是中国元素，葫芦这一形象在设计上的广泛应用就是最好的例子，体现了中国文化与现代工艺的结合。而简而言之，精品就是审美与工艺的双重组合。

在一开始做精品时创业者们不必担心自己的品牌没有悠久的历史，因为消费者在进行一些新鲜的消费时，最关注的是品牌的真正价值所在，而并不会盲目地追求炫耀性的展示。只要这一品牌能体现品位，消费者自然会选择它，而就目前而言，中西文化的交融是打造新精品过程的一个必然趋势。

从左至右：曹涤非、李亚鹏、蒋一静、王永山、陆晓明、高虹、瘦马

"我觉得国际品牌或者中国品牌成功背后所经历的路和走过的辛酸是相同的，总结下来，一个是坚持，一个是激情。"
——百达翡丽中国区品牌经理高虹

"中国精品，必须首先是一个优良的产品，而且同时要有一个相应的品位和格调，才构成了精品的概念。"
——艺术家叶放

"当我们作为一个企业，我要去做这个事情的时候，我发现我的个人力量是不够的。一件精品的背后，我们至少可以看到一个精品制造者的人生态度。"
——演员、企业家李亚鹏

马艳丽　　　　　　　　　　　瘦马

Ipsos代表Steve Garton　　　郭培夫妇

刘湘云　　　　　　　　　　　叶放

李厚霖　　　　　　　　　　　曹涤非

汪小菲　　　　　　　　　　　王永山

时尚传媒集团副总裁、《罗博报告》出版人、中国精品论坛发起人瘦马先生为论坛致开幕词。

中国精品时代的传承与创新
《罗博报告》举办首届中国精品论坛

策划 /《罗博报告》编辑部   文 / 高鸣怡   调研 / 益普索

首届中国精品论坛邀请了多位品牌代表和文化名人，就中国精品行业内所面临的机遇和挑战展开一场兼具广度和深度的讨论，探寻中国精品的传承与创新。

中国即将成为世界第一大高端品牌消费市场，中国的精品消费时代已经来临。在中国精品崛起之际，由时尚传媒集团《罗博报告》携手昆明柏联集团联合主办、HIERSUN恒信钻石机构协办的"2012首届中国精品论坛"，于2012年6月16日在昆明阳宗海畔的昆明柏联精品酒店举行。

正如时尚传媒集团副总裁、《罗博报告》出版人瘦马先生在论坛代表主办方进行致辞中指出的那样，本次论坛的意义就在于汇集精品行业的先行者为行业发展、中国精品的传承与创新提供富有建设性的探索。

从中国文化出发

在论坛举办前3个月，《罗博报告》联合调研机构法国益普索集团对中国近300名精品消费者进行了深度调研，并在"首届中国精品论坛"现场，首次公开发布了调研所得的中国精品的现状和消费趋势。益普索董事总经理Steve Garton先生，从酒、茶、珠宝、服装、家居5个方面，分析了当下中国精品的消费现状。他指出中国消费者在过去12个月消费的奢侈品主体依然是国外精品，中国精品依然有很多路要走，需要提高知名度，与消费者增加沟通与联系。同时总结道："中国文化是中国精品的一个最重要的关键因素，它可以帮助我们去推广我们的商品。"

随后论坛嘉宾从不同角度对中国精品的品牌DNA、中国文化的传承与创新、精品品牌的建造与维护等话题进行深入讨论。论坛上，众多品牌代表与艺术家叶放、陈流、设计师郭承辉、时装设计师郭培以及Maryma创始人马艳丽等对中国元素有深入研究的艺术家和文化名人进行了一系列有品质的脑力激荡。

艺术家叶放指出，精品这个定义有两个层面："精"可以是理解为物质层面的，"品"则代表精神层面的品质品格。中国精品，必须首先是一个优良的产品，而且同时要有一个相应的品位和格调，才构成了精品的概念。

琉园执行长王永山用品牌18年的经验历史总结，中国精品要从中国的文化出发，但并非照抄，而是从现代的角度，以现代的意义赋予它新生命。而中国高级定制设计师郭培则指出，在中国刚刚起步的"中国精品"概念不是谈出来的，而是应该切实以"精品"的态度做出来。

搭建交流平台

作为"中国精品论坛"的学术支持机构，北大光华管理学院邀请了市场营销资深教授徐菁演

刘江

刘湘云

王永山

论坛精彩语录

李亚鹏："一个精品背后看到的是国家的国力,背后是民族的文化,我们要以这种文化方向去提升产品价值的空间。"

郭培："'精'是一个高度,代表着精致,也代表着一种精神。'品'其实应该是品格,品质和品格。所以中国精品的诞生,一定是慢下来的速度,才有精致的可能性。"

李厚霖："成就一个民族的精品品牌要具备三个要素。一是文化精粹的传承,二是精工主义精神,三是传播精品的人才。"

讲"精品的消费心理与动机",从影响消费者产品选择的因素及心理机制的角度进行深入交流。徐菁教授在现场谈道:"消费者消费精品有两个动机,一是炫耀展示,二是自我价值实现的需求。中国年轻的消费者体现出一个更加趋于多元的文化价值观。从发展的长远眼光看,中国的精品消费,正从炫耀性动机向自我实现、自我价值体现的动机发展和倾斜。"

时尚传媒集团总裁刘江先生在主办方举办的私享晚宴上进行总结致辞,通过讲述时尚19年来从无到有、从小到大的创业故事,分享了他对打造"中国精品"的看法。晚宴期间,论坛众嘉宾共同签署了首届中国精品论坛倡议书,提倡道:"中国精品论坛及协力品牌将勤力不倦,继往开来,携手开创品牌中国之新格局。"首届中国精品论坛作为良好的开端,将切实地影响精品产业在中国的生长与建设。

"2012首届中国精品论坛"聚集了众多精品品牌的缔造者和业界精英,许多智慧的观点与先进的理念进行碰撞、传播,为行业的健康发展提供了一个宝贵的交流平台。云南省副省长顾朝曦、云南省招商局局长杜勇、时尚传媒集团总裁刘江、柏联集团董事长刘湘云等重要嘉宾出席了这次论坛,与HIERSUN恒信钻石机构董事长李厚霖、有机家总裁兼创始人陆晓明、琉园执行长王永山、百达翡丽品牌经理高虹、俏江南集团董事汪小菲等30余位品牌代表以及叶放、陈流、李亚鹏、曹涤非、郭培、马艳丽等特邀嘉宾齐聚一堂,共同探讨中国精品的发展之路。

柏联精品酒店为嘉宾带来极富地方风情的艺术表演。

时尚传媒集团总裁刘江先生（左下）与柏联集团董事长刘湘云女士（右下）为欢迎晚宴致辞。

西 风 东 渐

文 / 王受之

中国名牌的尴尬

几个星期前到克罗地亚和威尼斯办事,回程因为机票原因,是从威尼斯开车去米兰,再从米兰去伊斯坦布尔转机的。在米兰机场里面的广告全部是意大利的时尚品名牌,设计得美轮美奂,而伊斯坦布尔机场是世界最大的几个航空枢纽之一,机场庞大,商店众多,所见之处,也都是欧洲的名牌店和广告。比较刺眼的一个现象就是在这两个机场的候机楼里,看见的都是成群结队的国内旅游团,手上大包小包的,全是意大利、法国的奢侈品牌,Prada、路易威登手提袋,名牌手表,听熟人说:出国买原装名牌,成了现在国人出国游的最主要行程内容,参观名胜古迹对好多人来说已经没有什么吸引力了。

最近一段时间以来,国内对于自主品牌建立的呼声越来越高,经过30年的经济发展,中国已经成为世界上最大的奢侈品市场,也成为最大的消费产品生产国,但是除了无处不见的"中国制造"之外,"中国设计"、"中国名牌"则依然是近乎看不见。在外国问人你最熟悉的中国品牌是什么,十有八九一头雾水、不知所以,我们国内现在很自豪的海尔、联想等品牌,虽然在国内拥有较大市场占有率,但是在世界上根本不入奢侈品牌之列,在西方人眼中，这些品牌是价廉物美的代表，有些时候连"物美"也算不上，仅仅是廉价，这种情况，和上世纪70年代日本汽车、电器进入西方市场的尴尬很相似。因此，我们说奢侈品是"西风东渐"，其实是说中国逐渐成为西方奢侈品的最大市场。而中国自主的奢侈品牌，不但还看不到在世界上的挑战力，甚至在国内市场也不敌国外大品牌。

先不说奢侈品牌，就说著名的品牌吧，我们的品牌到底问题症结在哪里呢？作为一个品牌，需要有几个基本条件，比如要求产品标准化是指的同一个品牌的产品，给予消费者的体验是一样的，这个是品牌形成的基础，喝罐装的可口可乐，大家都知道含糖高，但是却绝对标准，在全世界任何地方买到的罐装可口可乐都是一个味道，也就好像在连锁快餐店麦当劳吃饭，食品虽然简单，但是标准口味、标准的干净。就这么简单的几个标准化条件，走遍中国，中餐店基本没有哪几个是可以保证稳定提供这种服务的。

经常听见讨论的是如何提高产品的知名度，其实我们知名度高的产品真是不少，不过这些产品的口碑度就差了，一种产品出了质量问题，知名度就上去了，而口碑度也就跟着下来了，这是这么多年来我们看到的国内品牌出现的情况。西方奢侈品牌在国内稳稳站定了脚跟，是因为口碑度总是很稳定，并且在品牌推广上，能够做到几十年如一日的恒定。

世界级品牌的形成

要做到世界顶级的品牌，需要看看人家是怎么做出来的。品牌历史悠久，意大利人据说是最早用品牌的民族，我们曾经在意大利的庞贝古城中发现在酒罐上有"维苏威"（Vesuvinum）的符号和名称，这是当年葡萄酒的品牌，英语中品牌（brand）这个字的原意是"烧烙"，是早先在产品上用火红的烙铁烫上标志的做法，其实古代的名人也被作为品牌用，请名人做"形象代言人"据说也起于意大利，文艺复兴的大师达·芬奇本人就是一个品牌形象。到了13世纪，罗马人已经水印在纸上做品牌标记了。真正针对批量市场的品牌是在19世纪的欧洲出现的，早期主要是肥皂这类日用品和皮革制品用，方法之一是一个明显的logo，或者是带产品名称标志（insignia）。

英国的巴斯酿酒公司（Bass & Company）、李黎金牌糖浆公司（Lyle's Golden Syrup）都是比较早用商标打品牌的企业，巴斯公司的酒包装上的那个商标的确从1885年开始用到现在也没有改变，意大利的建筑用砖公司"Antiche Fornaci Giorgi"则从1731年开始在出产的砖上打上标记，如果到梵蒂冈的圣彼得大教堂看看，现在还可以在墙上看到这个品牌的砖。工业革命之后，很多工厂用品牌来推广自己的产品，树立品牌形象，坎贝尔罐头汤（Campbell soup）、多汁果口香糖（Juicy Fruit gum）都是这个时期的著名产品，基本都沿用到现在。

在西方人编辑的产品设计史中，杭州品牌"张小泉"剪刀经常是列于世界上最早一代批量生产的工业产品之中的。德国出版公司费顿（Phaidon）最近出版了一套三卷本的设计史图录（Pioneers: Phaidon Design Classics, Volume One, 2006），第一本第一篇就是张小泉剪刀，可见这个品牌在国际设计史中的地位。现在可以查到的有关张小泉的资料，以口述记载为主，据说张小泉是明末安徽黟县会昌乡人，其父张思家，在"三刀"闻名的芜湖学艺，张小泉是跟父亲学会制剪工艺的。父子二人，制剪为业，张小泉用心于技术改进和设计，反复琢磨，创制出嵌钢制剪的新技术。在打制剪刀中运用了"嵌钢"（又叫镶钢)工艺，一改用生铁锻打剪刀的常规，选用的是浙江龙泉、云和之钢，还采用镇江特产质地极细的泥精心磨刀口，制成的剪刀，镶钢均匀，磨工精细，刀口锋利，开闭自如，裁缝、锡匠、花匠等都因为他的剪刀质量上乘而来定制剪刀。张小泉子承父业后，由于制作认真，质量上乘，加上地处清河坊一带，是杭州商业中心，故而生意兴隆，利市十倍。

到清康熙二年（1663年）张小泉在杭州成立"张小泉剪刀"，质量稳定，根据市场需求生产大小不同的剪刀，走向标准化。清宣统元年（1909年）张小泉在杭州已经是第八代，商标是"海云浴日"，报农商部注册，商标上有"泉近"字样。张小泉公司在1917年有职工80来人，用机械生产剪刀，被外国人视为工业化批量生产的经典作品，大概是开始于这个时期。1915年，在巴拿马"万国博览会"上获奖。

民国年间，已经有一些产品的品牌在国内市场不错，好像虎标万金油这类品牌，在东南亚也颇有名气。解放之后，在1956年实行工商业改造，公私合营，品牌大的全部国营，产品成了公家的，稳定性就下去了，是必然的，现在那些打着历史名牌的产品、服务，几乎无一例外是国营的，品牌也就跟着栽了，要想再出现张小泉这样的品牌，难得很。

奢侈品市场定位

我们来看看奢侈品牌。"语义学"（Semantics）用来定义奢侈品和奢侈品牌，虽然不容易，但是却很吸引人。传统上来看，奢侈品必须要符合几个基本条件：它们肯定不能是必需品（essential），它们必须要与丰裕、奢华（affluence）密切相关，并且需要是稀缺类的。这类产品肯定是整个社会中高层的少数人享有的。按照这三个要求来看，事实上早在人类文明开始的初期就有奢侈品了，中国商周时期的青铜器，战国时期的各种金器、漆器，汉唐的丝绸和金银器，宋元明清的官窑陶瓷、字画等等，都是奢侈品。

如果用历史上奢侈品的做法，肯定不会有奢侈品的市场，因为早先的定位太狭窄了，并不是一种市场布局的合理方法，自然，奢侈品在古代不是准备大批量投放市场的。到了市场化阶段，即便是生产的奢侈品，厂商也希望能够有更大的市场占有份额，奢侈品牌的市场运作就显得更加重要。在这种前提下，就出现了所谓的奢侈品牌"民主化"（democratization）的手法，其实是把奢侈品牌原来针对社会顶层的概念转移、扩展到为中产阶级市场。当然，奢侈品牌从来不提针对的是中产阶级，而是用"有志阶层"（the aspiring class）这个术语来描述针对的消费者。举个例子来说，比如在美国市场销售的奔驰汽车（Mercedes-Benz），比较低的市场用的是C300（the C300 sedan），价格在32,000美元，目标市场是喜欢这个奢侈品牌的车，但是收入水平不高的白领消费群体，3万美元的价格，是能够接受的，也是面对大众的，品牌效益托起了这款车的市，销售不俗；而高端的奔驰SLR（the Mercedes-Benz SLR McLaren coupe）则针对喜欢奔驰品牌、属于比较高端客户，价格在497,000美元，足足比C300价格高出了17倍以上，这是真正支撑奔驰奢侈品牌形象的杠杆型车款，靠这类高端车打形象，再牵动价格比较低一点儿的其他产品线，这是奢侈品牌的差异做法。

市场学者伯纳德·杜布瓦（Bernard Dubois）教授提出奢侈品其实可以是产品、服务中任何范畴中具有非常特别性质（specific）的类型，比如价格特别高，按照他的说法，任何产品、服务类型都可以上升到奢侈品，因此稀缺性并不是一个必需的要素。让-诺尔·卡帕菲尔（Jean-Noel Kapferer）认为奢侈品牌需要给使用者用煽情、奉承、张扬、夸大方式获得的超常欢愉感，他称为"extra pleasure by flattering all senses at once"，也有另外一些学者认为奢侈品和奢侈品牌需要给使用者对于某种精英群体的归属感。我很注意这个"flattering"，原意就是奉承的意思，消费者中，特别是高端消费者中，功能需求已经不是问题，需要的就是产品带来的虚荣感，产品品牌奉承性质，就显得十分重要了。

在经济分析中，收入和产品的销售之间的关系是分别必需品还是奢侈品的方法。必需品的需求和收入没有多大的直接影响关系，好像日常用的柴米油盐酱醋茶；而奢侈品则与收入水平有直接的关系，收入提高，奢侈品的需求会大幅度提高，收入越高，奢侈品的消费需求就越

大，而必需品的需求在这批人中则没有什么提高，奢侈品不是必需品，因此，市场学称之为"高收入需求弹性"（high income elasticity of demand）。比如汽车，在目前的高收入群体来说，即便价格再高，奢侈汽车的价格也在千万元之内，因而有可能放弃用高端汽车作为炫耀的方法，转而到私人飞机，而最高层的人，他们的奢侈品可能是对高端艺术品、具有特色的自然环境的拥有——比如岛屿、山林，或者对稀缺动物的拥有。奢侈品最常见的是首饰，用黄金、宝石制成的首饰是历史最悠久的奢侈品，加入特别设计的就更为昂贵。英国皇帝爱德华八世的情人辛普森夫人穿戴的那些价值连城的首饰，都是皇帝买给她的最精彩的Art Déco设计，全部是博物馆级别的珍品，就是一个非常生动的例子。

奢侈品行业潜力巨大

奢侈品牌原来是单一运作的，像古驰（Gucci）、巴宝莉（Burberry）则基本代表英国超级品牌形象。世界上首屈一指的奢侈品牌是法国的LVMH集团，这个集团的名字的四个大写字母代表路易威登（Louis Vuitton）、莫特（Moët）和轩尼诗（Hennessy），这家公司旗下有50多个奢侈品牌，包括具有设计上名列前茅、在国内非常熟悉的路易威登，LVMH集团年销售额在120亿欧元，利润大概是20亿欧元，另外的奢侈品牌包括PPR，这个公司收购了古驰集团（the Gucci Group），另外一个重要的奢侈品牌集团是里士满集团（Richemont）。

奢侈品牌需要广告的推广，因此广告比例相当高，广告开支一般占产品营销总收入的5%~15%，如果加入各种公共关系活动在内，广告和推广总费用占一个公司的产品营销额的25%。

虽然1997~1998年经历了市场金融危机，2008年再次金融危机，全球经济受到很大的冲击，但是奢侈品的市场依然很坚挺，就拿国际经济一片愁云的2000年来说，那一年的奢侈品，包括饮料、名酒、服装、化妆品、手表、珠宝首饰、手提袋、旅行箱等等，依然上升了7.9%，达到1170亿美元。目前世界上奢侈品最大的头十个消费地区是中国内地、日本、美国、中国台湾、俄罗斯、德国、意大利、法国、英国、巴西。

奢侈品市场的发展趋势是全球化（globalization）、品牌与市场稳固化（consolidation）、产品多元化（diversification），全球化使得全世界各地的奢侈品牌消费群体能够就近获得奢侈品，全球化的旅游业也刺激了品牌的流通水平。

回到"西风东渐"这个题目来看，我们的产品的确是有创造品牌的空间和潜力的。难以创造国产顶级品牌的问题和症结，其实不是产品、服务本身，而是企业百年持之以恒的奢侈品牌政策，还有持之以恒的生产条件。就好像茅台酒这样百年如一日在同样的地方、用同样的手艺、同样的材料、同样的方法、同样的菌种酿造，这个说起来很容易的事情，在目前急功近利、追逐政绩的时代里，倒成了奢侈品。

| 中国精品 | 西风东渐 | 品牌梦 |

中国高端品牌梦的释疑

文 / 王华（上海交通大学安泰经济与管理学院博士，法国马赛商学院中国区主管）

成功打造高端品牌的6+1要素

中国名牌、中国驰名商标等由国家质检总局、国家工商总局商标局和商标评审委员会评选出来的企业及产品林林总总超过千个。但是，被广大消费者认可，尤其是已经在国际市场上初现端倪的却是凤毛麟角。

在全球金融危机的冲击下，由于海外市场的疲软，一大批中国进出口企业和外向型的企业濒临倒闭，他们开始尝试从加工贴牌上升到品牌打造。这条路看似顺理成章：那么多的所谓国际名牌，无论是高级成衣、高档家具，还是苹果电脑，都是中国企业制造出来的。既然我们已经在质量上完全能够生产出国际水平的产品，那么贴上一个标签（打造一个品牌）不就是一步之遥吗？

残酷的现实告诉我们，品牌打造更多需要的是与制造完全不同的竞争力，并且是一种综合的软实力。由于缺乏打造品牌的战略和经验，很多自主品牌或是发展缓慢，或是昙花一现。

因此，首先要理清打造高端品牌的基本要素。法国马赛商学院米歇尔·古泽兹(Michel Gutsatz)教授，全球奢侈品行业动向和品牌管理研究大师，总结出了6+1要素理论。

第一要素是文化底蕴。不同国家的历史和文化赋予了所在国品牌特殊的气质，并且在品牌传递之前，消费者有先入为主的文化内涵诠释。例如，法国的香奈儿（Chanel），德国的奔驰车。

第二个要素是创意设计。首席设计师、艺术总监是品牌的灵魂人物，与CEO具有同样重要的地位，而不仅仅是高级雇员。因此CEO们要学会与这群个性张扬、非常另类的设计师们合作与沟通。

第三要素是工艺品质。通过精妙的手工艺达到的至臻高品质是高端品牌的支柱。这种高品质和令人赞叹的手工艺都必须经得起时间的考验。

第四要素是时间传承。必须找到合理的治理结构，有中长期的眼光打造品牌。治理结构可以是家族企业，或者是对品牌精髓严格遵循和演绎的上市公司，不因阶段性的亏损而放弃。

第五个要素是服务精英。精英阶层犹如意见领袖般地引领着产品或服务的制高点，他们的需求代表了具有生活品位、追求精美细节的群体。当然，今天精英阶层已经从最初的欧洲王室扩大到了各界社会名流。

第六个要素是高性价比。高级品牌尽管绝对价格高昂，但是背后投入的是艺术总监美轮美奂的设计与高素质工匠的完美呈现。越是高端的品牌，两者的投入越是多，并因此成为所谓的奢侈品。

必须要有一个要素将前面的六个要素整合到一起，那就是品牌管理。公司的品牌管理团队将上述要素整合为一体，并最终创造高附加值。中国诸多品牌基本具备前六个要素，但唯独品牌管理是短板。品牌管理能力是无形的，因此更难模仿。

根据上述分析框架，我们考察以下几个相对做得比较成功的中国品牌，并且对其品牌打造的优势劣势进行分析。有趣的是，以下几个品牌采用了不同的战略发展路径，具有重要的参考价值。

"上海滩"的商业模式：先瞄准世界后返回中国

上海滩可以说是目前颇具规模的中国高端品牌。该品牌创建于1994年。尽管当时港人面对即将到来的香港回归怀抱着复杂的心情，但是这位创始人邓永锵(David Tang)爵士以及和他志同道合的创始人阮伟权先生等人，却是激情满怀地迎接那一天的到来，并试图借此机会，扭转中国制造等于低品质、低价格的形象。在当时的公司使命上，他们提到，在未来的标贴上，不仅要写上中国制造（Made in China），更要写上，由中国人制造（Made by Chinese）！正是在一股强烈民族情结和爱国情结的驱动下，很快，第一间充满绚丽怀旧风格的门店于2005年在港岛开张。

上海滩最初定位为上世纪二三十年代以上海为代表的东西方交汇之中的东方神韵，带有神秘、复古和怀旧的基调。在此基础上，更是运用创新式的思维，大胆反其道而行。饱和鲜艳的颜色，成为上海滩标志性的设计的一部分。当然，从西方人眼中看那段历史和文化背景，除了近代中国经济文化异常自由活跃的氛围之外，还是西方殖民文化充分渗透的阶段。所谓十里洋场，西方人看到的是对自己殖民地的沾沾自喜和留恋。邓永锵巧妙地运用了这样的"异国"情调，加上强大的人脉和出色的产品设计，很快，上海滩迈出了国际化的步伐，在美国纽约、英国伦敦、新加坡等地相继开出了门店。

一个戏剧性的转折发生在4年之后。1998年，拥有卡地亚、登喜路、万宝龙、伯爵等品牌的世界第二大奢侈品集团——瑞士Richemont(历峰)集团将上海滩收入囊中。尽管很少有公开的信息对这次交易的双方动因作分析，但是，对于上海滩这个品牌而言，无疑是个好消息，因为从此，上海滩开始遵循世界级奢侈品的游戏规则，进入了主流市场。所谓的游戏规则，实际上就是我们所指的6+1中间最为重要的品牌管理能力。从上海滩的华丽转身，我们看到了以下几个重要的品牌管理的提升。

首先，明确产品市场定位。在收购前，邓永锵更多的是依托社交圈中的关系营销，并以此拥有了欧洲上流社会的高端客户，为他们实现高级定制。但是，一旦要形成规模化和专业化的运作，这种模式的弊端就显露出来了。在收购上海滩后，历峰集团将上海滩的目标市场定位为25~50岁的中高收入者，并从女装扩展到男装和更年轻的系列，同时制定了长期的发展策略。"我们的客户群和其他品牌的区别在于，他们是一群对时尚比较有感觉的人，敢于与众不同，乐于表现出自己的个性。" 上海滩现任品牌总裁雷富逸（Raphael Le Masne）如是说。

其次，文化与审美的重新定位。新东家雷富逸认为，"对品牌的成功塑造，不仅离不开独树一帜的风格元素，还需要有泛国际化的审美观，而不是说中国制造的产品都要保持传统的中国设计和工艺，那样是很狭隘的。" 这个观点，实际上和创始人在初创期间偏民族主义和爱国主义的想法有很大的差异。我们认为，这种文化与审美的重新定位，将上海滩的品牌推向了更高的高度，真正从全球化的视野，而非中国人眼中的国际化视野，去诠释品牌的内涵。

再次，打造奢侈品的产品系列。在收购前，上海滩主要以服装，尤其是女式东方韵味的服装为主，至多属于时尚品的范畴。收购后，上海滩被定义为奢侈品。两者的重要差别之一就是产品品类的多少。纵观全球，时尚品的品类单一，而奢侈品可以拥有较多的衍生产品。从Chanel 等这些顶级品牌的发展路径，我们就可窥出其中的动态战略定位。我们欣喜地发现，最近几年上海滩的产品品类大大丰富，已经扩展到配饰、家居用品、家具等，甚至还有专以婴孩、儿童为对象的系列服饰及生活用品。这基本符合了奢侈品的定位。

最后，实现联合品牌战略。即与一些大牌联合设计限量版产品。例如，与世界五大珠宝商之一的VAN CLEEF&ARPELS共同推出的珠宝产品，与英国皇室女成员御用帽饰Philip Treacy的合作，与Pommery联合推出的圣诞特别版香槟，与PUMA合作的新款运动鞋等等。作为咖啡爱好者的我，还欣喜地发现其与Nespresso携手推出的限量版龙腾咖啡机及系列咖啡用具。这种联合品牌创新，既给上海滩节省了大量的市场推广费用，丰富了产品线，更是借力打力，快速提升品牌水平。当然，找到合适的品牌合作方，还是上海滩需要做的功课。

我们似乎也看到了中国一些高端品牌正处于上海滩的早期发展阶段。例如，中国由第一代国际名模马艳丽担纲的"Maryma"时装品牌，在影视明星圈中颇有声望的由郭培打造的"玫瑰坊"高级定制，以浓郁中式服装见长的李建秦女士打造的"秦艺"。上述品牌，均以设计见长，单件"作品"的盈利水平都不错。但是，离商业化运作还有不小的距离。即使是一开始就走国际化道路的 Qeelin高级珠宝品牌，两位联合创始人，创意总监 Dennis Chan 和首席执行官Guillaume P. Brochard还是处于品牌的打造过程。从2004年以来，如何均衡设计与品牌之间的关系，如何连接设计与市场发展之间的关系，都尚处于初始阶段。

上海滩目前面临的挑战，也可能是部分中国品牌未来会遇到的挑战，尤其是一开始就立意国际化的中国品牌。当然，当上海滩品牌在国际市场取得初步成功之后，面临的挑战之一反倒是如何让中国消费者喜欢上该品牌。之前，上海滩对中国元素的演绎，更是从西方人的角度去考虑的。目前由外国设计人员领衔的设计团队的部分产品，在西方热卖的同时，可能在中国滞销。例如，红五星的草绿色钱包等。对于中国目前的主流消费者，有多少人能够欣赏这些多少带有革命色彩的产品？

这种东西方文化的差异造成的消费者对产品设计的理解，乃至最终产品的热销与否都有很大的关系。当我在采访Qeelin中国区市场总监时，她解释道，亚洲人习以为常的葫芦这一图案，在很多西方人的眼中可能是一个变形的吉他或女人的身体，而很难想到葫芦，更不会理解葫芦背后的寓意。亚洲人对于自己文化背景的具象，往往是心领神会，而对于西方人却是丈二和尚摸不着头脑。

因此，对于像上海滩这样的基于中国元素的国际化奢侈品品牌，是否要针对中国市场打造全新的产品系列，还是能够提供同时满足东西方消费者需求的产品？当其他奢侈品牌在中国市场高歌猛进的时候，上海滩的中国元素将自己放在了一个尴尬的地位。上述问题是必须要解决的。

高端品牌打造更多商业模式

条条大路通罗马，打造中国高端品牌之路也有很多。不同的商业模式，适合不同资源禀赋配置的公司。我们试图用佰草集、法蓝瓷、复星集团、上下等案例进行阐述。但是基于本文篇幅有限，只能略谈皮毛。

上海家化佰草集以国际化商业模式成功打入西方主流化妆品零售渠道。这句话看似简单，但从项目开始到走出国门，仍然花费了13年的时间。早在1995年，时任上海家化总经理的葛文耀就立志要打造中国高端化妆品品牌，并于当年立项佰草集。3年之后，产品面世，位于上海香港广场的第一家专卖店开张。尽管6年之后佰草集在香港开出两家专卖店，却均以失败告终。其间，有一系列的挑战需要逐个解决。从产品研发角度，如何将古法汉方中的有毒元素去除，符合现代化妆品的标准；在品牌定位上，如何将深奥的东方文化转化为西方消费者通俗易懂的视觉信息；在产品线上，在诸多的化妆品中，如何确定合适的产品线，既避免全面开花，又避免产品太过单一；在公司组织架构上，如何从事业部制转向公司制，以顺应对市场的快速反应；在创意设计上，如何最终引进"品牌首席设计师"，聘用专业人员对佰草集产品包装、广告、柜台、甚至销售人员的形象进行整体的把控和协调，达到每个细节品质的一致。

跋

中国式复兴

文 / 郭承辉

关于物质与精神之间的关系，无论是中国五千年历史的自我追问，还是西方文明进化史的哲学思辨，两者之间的关系都非常微妙。

在每个文明的物质极大丰富的时代，往往也是精神最迷茫的时代。还记得罗马的纸醉金迷？还思念盛唐的风流倜傥！物质决定精神？还是，我思故我在？

这就是《罗博报告》本次《中国精品新传》的由来——在这个中国的GDP重新跃入世界前列的时代，我们该如何在物质目标与精神归属之间找到平衡。

中国精品，谈的不只是玩物，而是大器，器是物质，也是心灵。

身为中国人，我一直感觉这个民族有很多伟大的地方，但是也有很多劣根性！劣根性让我们这个民族裹足不前，在生活中最简单直接的体现，也许，就是Made in China 已经成为一种廉价品的代名词。

在我做国际贸易的时候，发觉，很多人就说我们中国人做的货就是地摊货，就卖出地摊的价钱，东西品质也地摊。

这是一种强烈的刺痛感。

如今，我们中国的实力正在重新跃入国际前列。今年，中国奢侈品的消费已经超过日本，成为全球最大的奢侈品消费国，而这巨大的奢侈品购买力都是投向传统欧美品牌。而那些欧美品牌，也不过是几百年来的一些优秀手工艺人所创立。

而在国内的一些古镇，还有很多传统手工艺人，他们安于在一个小镇的范围内，经营自己的作品，他们传承的"招牌"工艺与历史，至少也有数百年历史。但是，中国在近代一系列巨变后，知识解构的价值观已经狭隘地单纯以财富创造力来排名，却忽略了对手工艺的敬意，导致我们很多手艺人的流失，沦为工匠，而未能进一步积累技术、材料、见识，而不能跃升为大师。

如果我们看欧洲传统手工艺的传承，是有体系、已经获得社会敬重，并且能创立品牌。所以，在《罗博报告》看来，Made in China 的价值提升，应该从根源上的"中国精品"这个概念源头去提升！我们就是处于创意产业的一环，我们再不去推动，那谁来推动呢？媒体有号召力和导向性，我们应该充分利用媒体的功能和价值，把"中国精品"的概念传播开来！只是介绍与挖掘还不够，要推动！

我觉得这是个系统化的工程，我们希望"中国精品"让手工艺人与期待提升自己物质享受水平的富裕人群能互相结合与推动。

我们的期望和使命都很简单，就是帮助中国富有人群，构建一种积极健康的、优质的生活方式。这批人又是诞生领袖的主体人群，他们会影响中国未来的社会结构与走向！《罗博报告》，就是想让这批人有一个"中国精品"的意识。如果让这批人能够首先获得一种理性的消费方式，让一批人成为中国消费者的中流砥柱，才有可能学会推动历史往前走！

消费本身就是一种投票，你有怎样的审美，敬仰怎样的意识形态，都影响着你的生活态度，表达着你的世界观！

中国精品购买地图

1436 www.1436erdos.com	文君酒 www.wenjun.cn	健一公馆 www.china-je.com	佰草集 www.herborist.com.cn www.herborist-spa.com
茅台 www.china-moutai.com	柏联酒店 www.brilliantspa.com	拙政别墅 www.hbjnj.com	昭仪翠屋 www.zhaoyi.com www.cuipinwu.com www.minigem.cn
五粮液 www.wuliangye.com.cn	北表厂 www.bjwaf.com	天表制表厂 www.seagullwatch.com	雙妹 www.shanghaivive.com.cn
古越龙山 www.shaoxingwine.com.cn	国窖1573 www.1573gj.com	郎酒 www.langjiu.cn	富御RICH JADE www.richjade.com
涵璧湾 www.thebay.com.cn	例外 www.mixmind.com.cn	东北虎 www.dbhpc.com	上海滩 www.shanghaitang.com

精品是器，亦是道。

中国工艺洋洋大观，其中精美绝伦之技艺造物，以精妙思想，手工劳作，与丝土革木漆纸作天人合一之对话。传承千载，历经兴亡而生生不息，迄于今日，弥足敬重。中国精品及工艺，不仅是古代中国之文明荣光，当更添今人之智慧，获世人之钟爱，使之再次成为当下雅致生活之元素，重焕灵韵与光荣。

《罗博报告》携中国精品论坛勤力不倦，继往开来，开创品牌中国之新格局。谨此呼吁各方关注，共襄盛举。

——《罗博报告》之中国精品始于贰零零玖年春

Robb Report Lifestyle
罗博报告

中国精品论坛

图书在版编目（CIP）数据

中国精品新传 /《罗博报告》系列丛书编辑组编. —北京：新星出版社，2013.4
ISBN 978-7-5133-1154-0
Ⅰ.①中… Ⅱ.①罗… Ⅲ.①社会生活-通俗读物Ⅳ.①C913-49
中国版本图书馆CIP数据核字(2013)第067480号

中国精品新传

《罗博报告》系列丛书编辑组　编

出 版 人：谢　刚
总 策 划：瘦　马
策　　划：邢　丽
装帧设计：郭承辉
特约编辑：王春泓

编　　辑：左颗颗、王　艳、汪小峰、文芋洁、茅人杰、吴小牧、金　涛、杜　伟
美术设计：姜　男、张　杰、贺银卿
流　　程：张　路、姜涵育
责任编辑：汪　欣
责任印制：韦　舰
地　　址：北京市朝阳区光华路9号时尚大厦20层　邮编：100020
电　　话：010-65872071
网　　址：www.robbreport.cn
微　　博：http://weibo.com/robbreport

执　　行：北京时尚博闻图书有限公司
http://Book.trends.com.cn
出版发行：新星出版社
出 版 人：谢　刚
社　　址：北京市西城区车公庄大街丙3号楼 100014
网　　址：www.newstarpress.com
电　　话：010-88310888
传　　真：010-65270449
法律顾问：北京市大成律师事务所
读者服务：010-88310811　service@newstarpress.com
邮购地址：北京市西城区车公庄大街丙3号楼 100014
印　　刷：北京利丰雅高长城印刷有限公司
开　　本：889mm×1194mm　1/16
印　　张：15
字　　数：40千
版　　次：2013年4月第一版 2013年4月第一次印刷
书　　号：ISBN 978-7-5133-1154-0
定　　价：198.00

版权专有，侵权必究。如有质量问题，请与印刷厂联系调换。